再出発整理
—心地よい居場所とお金のつくり方—

山﨑美津江（家事アドバイザー）

婦人之友社

はじめに

「いつからでも新しくなれる」。私はこの言葉が好きです。この言葉には「いつでも・どこでも・誰にでも」、今までの環境・雰囲気・考え方を変える力があるからです。毎日は「収入がもう少し増えれば、もっと使いやすい食器があれば、たまには映画を観たいけど……」と、「もっと、もっと」の心の中は、時間とお金のバトルの連続。メリハリのない現実と、頭の中だけの理想の狭間で右往左往してしまいがちです。

わが家が現在の集合住宅に住み始めたのは、50代前半。23年が経過しました。経年変化で、家電品や調度の選手交代も数々ありました。夫の定年退職や結婚50年を経ながら、これからの生活を夫とすり合わせ、心地よい住まいの中で、本当の「豊かさ」を味わいたい、と暮らしています。結婚当初の「もっと、もっと」の不足感から、わが家なりの充足感へ！　この移り変わりも、毎日の暮らしの中にヒントがありました。住まいも、お金も、いつからでも立て直せる経験が、後押ししてくれました。「今まで」の出来事は、貴重な経験、財産となりました。そして、今、手にしている場所と広さで、今、受け取っているお金で、心地よく、豊かに暮らしたいと考えています。

絶えず理想を描いていたい、将来の方向を見据えていたい。一見難しそうなこれらのテーマは、案外、日々の中にあることも発見できました。暮らしを変えたい気持ちさえあれば、それは簡単。自分や家族にとって、心地よく、身の丈にあった『時間とお金の使い方』を見つめることからなのです。そうして、これからを元気に羽ばたく筋力をつけたいものです。

特に50代は、第一次定年、子育ての区切り、住居の取得や大がかりな手入れなど、ライフステージが変化するときです。誰にでもおとずれるこの節目こそ、「再出発整理」のチャンスになるのです。現実を見ることは、将来の方向を決めること。

今の暮らしを整えて、自分なりにコンパクトにしながら、実現してみませんか。

再出発整理　―心地よい居場所とお金のつくり方―　もくじ

はじめに　2

居場所をつくる4か条　8

お金をつくる4か条　10

「帰りたくなる家」、その後。　12

これからは居場所づくりとお金の立て直し。　14

今、手にできる場所と広さで。今、受け取っているお金で。　17

①

何歳からでも始められる居心地よい家づくり　19

居場所がある家とは、ワクワク感のある家。活動のスイッチがすぐに入って、「さあ、何から始めよう」とワクワクできるのが「居場所」の魔法です。不便が解消されて自由度が増すと、能力も個性も成長していく。そんな家は、居心地のいい空間が広がっています。

「居場所」って？　理想はコックピット　20

居場所をつくる4か条　22

第1条「置き場所」が決まると「居場所」が生まれる　22

手を伸ばせば届くコックピットをお手本に／置き場所が決まると？　仕事も趣味も楽しくなる

第2条「モノの持ち方、しまい方」に筋道をつける　26

しまう＝いつでも使えるようにスタンバイ／ルートが決まればルーティンがラク／大きさ・重さ・コストに無理はないか？

モノと心のピントが合うとき　30

第3条 汚れの原因とそうじの意味を知る　34
そうじのスタートは洗面所／使った後にサッと。洗面所のついでそうじ／机の下もトイレの床もスイスイ、床モップ
第4条「いつでもどうぞ」と言える家を目指す　40
来客時にパッとしまえる、目隠し棚
お互いの生活を語り合う、オープンハウス　43
居心地がよいと居場所ができる　44
モノは多すぎても少なすぎても　48
思い出はエネルギー　50
子ども部屋、そのままになっていませんか？　52
それぞれが見つけた「私の居場所」を拝見！　53
Lesson1 70代で、小さな住まいに住み替える　54
Lesson2 家事動線に合わせた収納で、家族の誰もがわかりやすく　56

2 生活は「脳活」

元気で過ごすために70代の私が大切にしていること　61

生活に合わせて頭と手を働かせるのが「脳活」です。使いにくいと感じたら置き場所を変える、小さな不便はそのままにしない、時間に追いかけられないために先手を打つなど。記録し、意識し、考えて、暮らしに本気を持つことで、日々元気に暮らせます。

生活が脳をきたえる　63
言葉は脳のエンジン1　64
［記録する］／朝の体重測定
言葉は脳のエンジン2　66
［読む・書く・解く］

リズムよく暮らす1　68
「基本時刻」を柱に生活を組み立てる／「今日」がはみ出していませんか？
リズムよく暮らす2　70
ある1週間の予定表
家事のシステム化1　72
置き場所で家事ラク／台所のカウンター下に食器→配膳／洗面台下に扇風機→衣類乾燥
家事のシステム化2　74
フライパンはワンアクション　ラベルも中身も一目瞭然
70代の2人だから変えたこと　75
模様替えで小さな不都合を解消　76
食事の支度は30分　81
「食」は先手仕事主義／土曜日：野菜の下ごしらえ／
冷蔵庫の「引き出し」が健康を支える／レシピはカードファイル2冊
40年続けている野菜ジュース　89
週2回のお弁当デリバリー　90
家事シェア　92
わが家の家事シェア事情／夫婦の家事分担
暮らしの楽しみ　買い物は刺激　お店の設えから学ぶ。静岡・クラフトコンサートへ　94

3 これからのお金のつくり方　97
節約第一主義ではなく、決まったお金の中で心豊かに暮らすには、わが家にとって相応なお金の使い方を積み重ねていくこと。お金のことは感情ではなく、数字で考えるとうまくいきます。

そして家計簿は、お金と安心を生み出すのにぴったりのツールです。

お金の安心感は「相応感」から　98
「お金の価値観は人によって異なります」　100
お金をつくる4か条　102
第1条「欲望」を振り分ける
「費目」はお金のラベリング／今は何を優先するとき？
第2条　家計簿でお金の情報公開　106
「予算立て」で欲を枠に収める／
「記帳」で見えないお金をなくす／「収支年計表」から暮らしが見える
第3条　健康に暮らす　110
目、歯、足には手とお金をかける／
きなこ・いりこはまとめ買い／健康器具こそ「置き場所」を決めて
第4条　決めて暮らす　114
「決める」から前に進める／決めている6つのこと
夫婦対談　家計簿はわが家の共有財産　118
年賀状でわかる山﨑家の46年間　120
46年間にかかったお金は？　122
46年間の生活費、いくらかかりましたか？　ベスト3
おわりに　124
コラム1　日曜の午後が静かに流れゆく　子らは各自の居場所にもどる　60
コラム2　家事シェアとリスペクト　96

※文中に出てくる「友の会」とは、
全国友の会＝『婦人之友』読者の
集まりのことです。

居場所をつくる4か条

1

「置き場所」が決まると「居場所」が生まれる

モノの置き場所が決まれば、人に居場所ができるのはいわば自然のなりゆき。置き場所が決まった家は何事もスムーズにいき、各自の能力が発揮できるからこそ頼もしい。住む人の心と体の拠り所になるのです。

↓22ページへ

2

「モノの持ち方、しまい方」に筋道をつける

モノのあふれかえる家に人の居場所はありません。モノの「持ち方」と「しまい方」はほぼイコール。どんな優れものもしまい方がまずければ宝の持ち腐れ。しまう場所を確保できる分だけを持つと決めれば、適量が守られます。

↓26ページへ

3

汚れの原因とそうじの意味を知る

そうじの行き届いた家は清々しく、居心地のよさは格別です。その一方、生きていればホコリは溜まるし散らかるし、まさに逆境にいるようなもの。そこであきらめず、気楽に手軽にそうじをする手段と環境を考えましょう。

↓34ページへ

4

「いつでもどうぞ」と言える家を目指す

人と人を繋ぐ人脈は、体に必要な栄養素を運ぶ血液の循環と似ています。お互いの生活空間へ招き招かれることは、喜びであり、生きた学びです。心の垣根をつくらず、社会に開かれた家を目指しましょう。

↓40ページへ

お金をつくる4か条

1

「欲望」を振り分ける

欲望にはキリがなく、資産は有限。お金に優先順位をつけるには、欲望を予算の枠に当てはめてみることが必要です。決めた予算額を超えていたら、立ち止まる。その繰り返しで欲望に振り回されることも減っていきます。

↓102ページへ

2

家計簿でお金の情報公開

お金の記録がないと、何にいくら使ったかを忘れるだけでなく、何にいくら使ってもよいかの基準もどんどん曖昧に。お金の計画を立て、支出額の記録をつける家計簿は自分と家族のための明細書。数字は嘘をつきません。

↓106ページへ

3

健康に暮らす

シニア家計にとって保健衛生に関わる費目の増大は、家計のみならず健康への黄色信号。医者任せにせず、食と運動と定期的なメンテナンスを通じて、自分の健康は自分で守る心意気を持ちましょう。

↓110ページへ

4

決めて暮らす

これまでの人生における経験値を生かし、50代からは「決めて暮らす」ことを始めましょう。私たちの前には無限の選択肢があるわけではありません。かけられるお金と時間はここまで、と決めることがゆとりを生み出します。

↓114ページへ

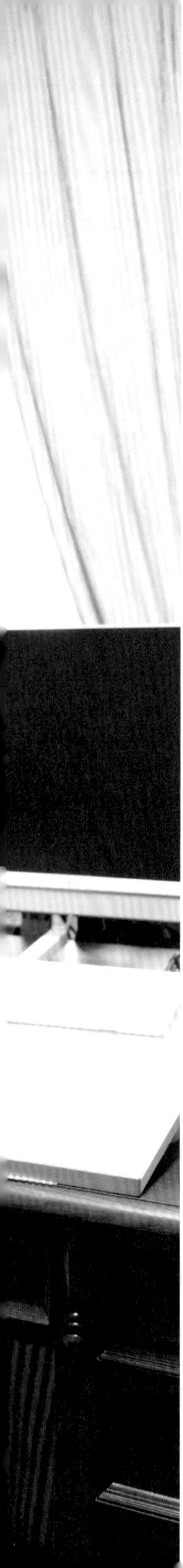

「帰りたくなる家」、その後。

前著『帰りたくなる家　家の整理は心の整理』の刊行はコロナ禍の始まる半年前。それからの3年間、私たちは否が応でも家の中で多くの時間を過ごすことになりました。その結果、家に「居場所」がないことに多くの人が気づかされたのではないでしょうか。Ｚｏｏｍに映る背景だけでなく、全方位をリアルに整えたい。家族が自分のことを自分でできる仕組みをつくりたい……。家を「居場所」として整え直し、「再出発したい」という機運が高まり、次のフェーズが始まったのです。

これからは居場所づくりとお金の立て直し。

「再出発」するためのひとつが、居場所をつくることだと思います。居場所を整えるには、これまでの物の持ち方やお金の使い方を見直す必要があります。最もお金の不安が大きいのは教育費や住宅ローンを抱え、さらに年金生活を目前に控えた50代。その世代にもぜひ受け取ってほしいヒントがあります。与えられたお金の範囲で家を運営し、家計をやりくりし、生活を組み立てていく力を今から身につけておけば、この先何が起きても、太刀打ちできる自信がつくはずです。

今、手にできる場所と広さで。今、受け取っているお金で。

家計簿をつける。朝は起きて夜は眠る。太陽と一緒の暮らしを続けていけば、どんな嵐がきても吹き飛ばない生活の根っこがしっかりと根づきます。各自の居場所はその上につくられていくのです。

個室でなくてもカーテン1枚、棚1つあれば居場所はできます。広い家があれば、お金がたくさんあればということではないのです。ここに来たらホッとする、必要な物が揃っているから心の拠り所になる、そんな「居場所」は今あなたが手にできる場所と広さで十分叶えられるのです。

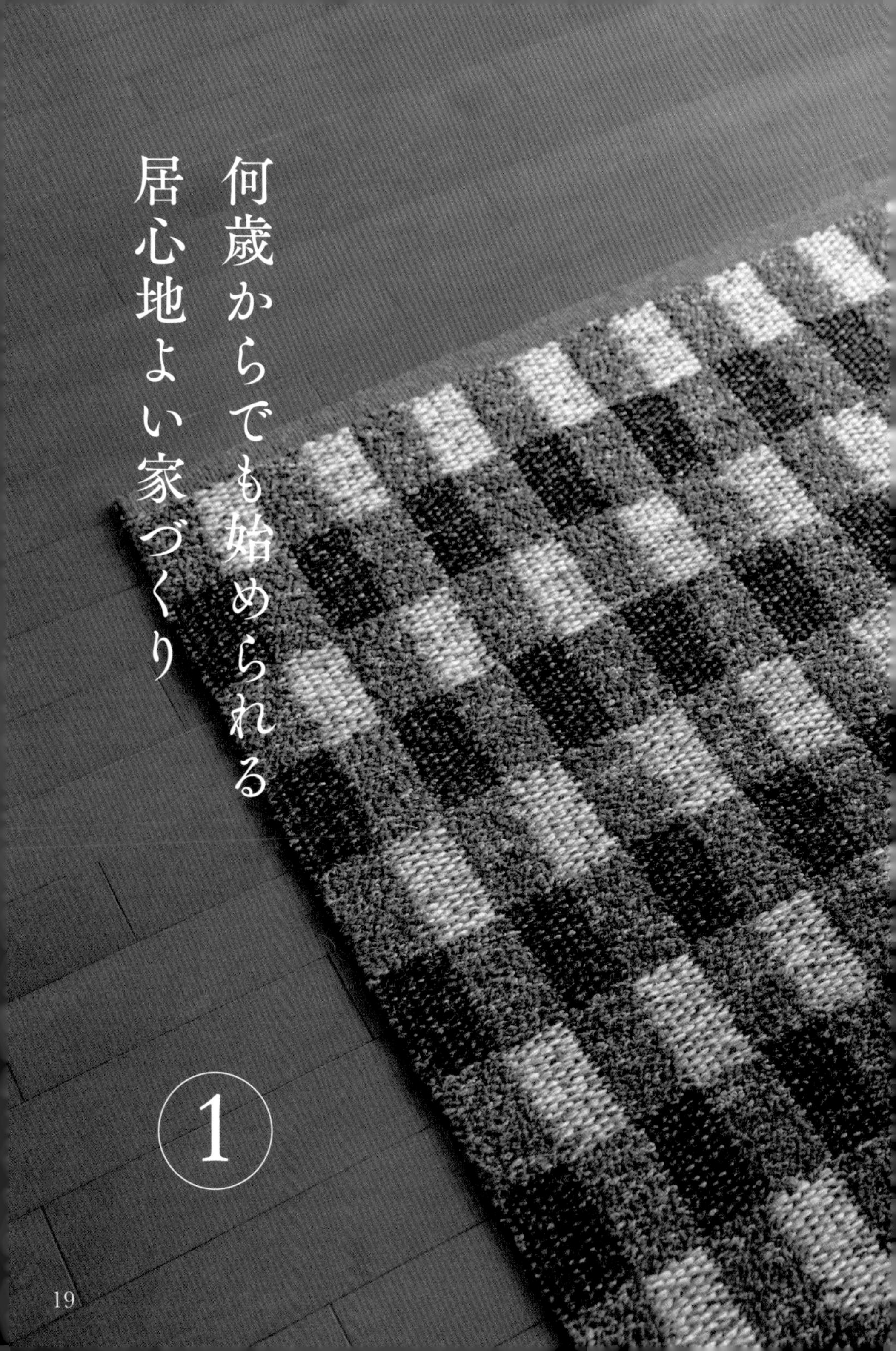

何歳からでも始められる居心地よい家づくり

①

「居場所」って？ 理想はコックピット

「居場所のある家ってどんな家ですか？」と聞かれたら、「ワクワク感のある家」。

「主婦室」と呼んでいるスペースは元は次女の部屋ですが、少しずつ使いやすく変えてきました。理想はコックピット。パイロットは計器を自在に操作して飛行機を目的地へ飛ばすことができます。それと同じように、ここでは必要な物が手の届く場所にあって、速やかに目的を果たせる。だから活動のスイッチが入ります。「さあ、何から始めよう」とワクワクできるのが「居場所」の魔法です。

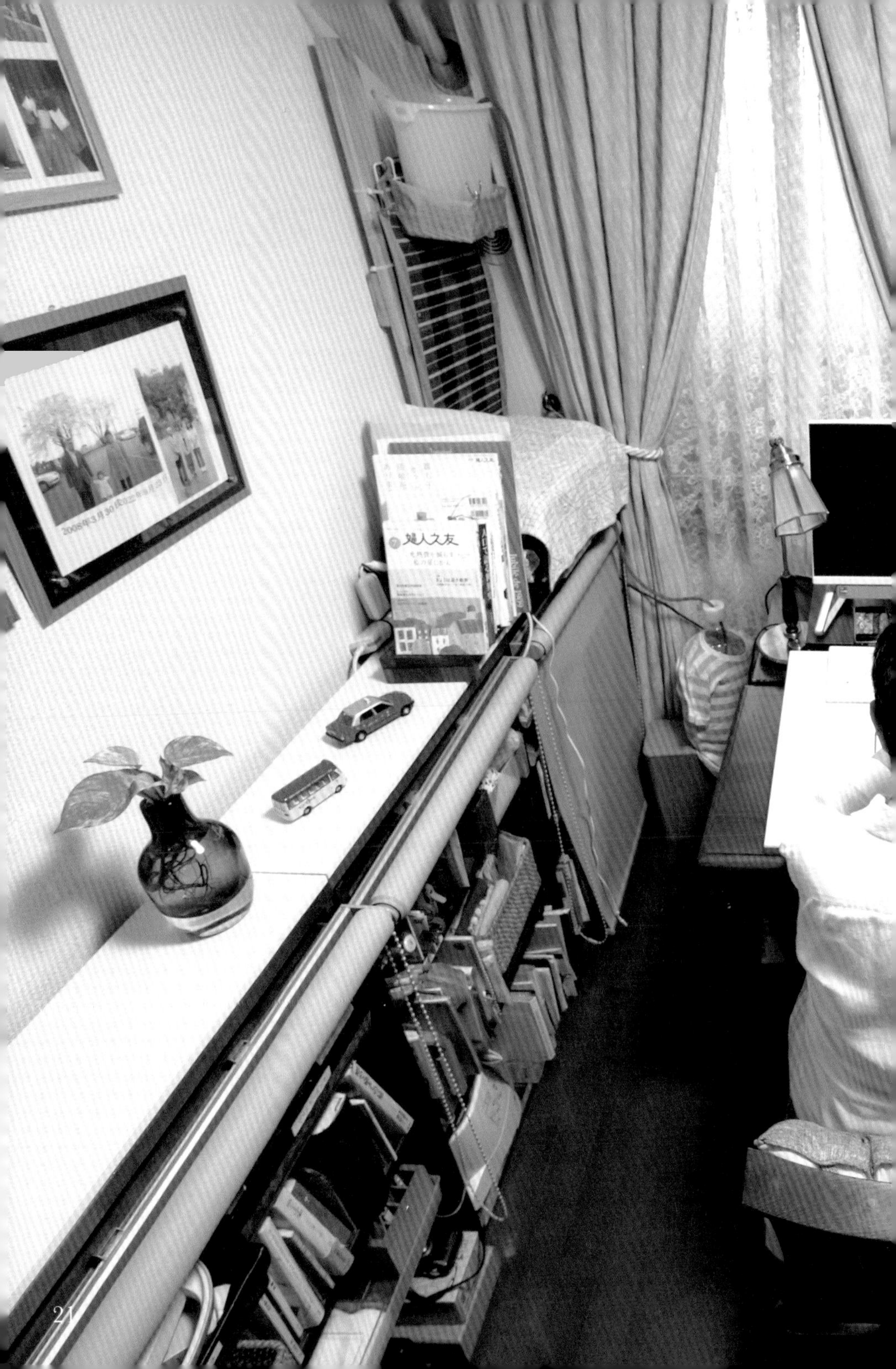
婦人之友

第1条「置き場所」が決まると「居場所」が生まれる

「居場所」は物の置き場所が決まるとできるという順序があります。これは法則のようなもので、初めて聞くと、物の置き場所と人の居場所がどう繋がるのか、ピンとこないかもしれません。しかし、置き場所の決まっていない家で一番振り回されているのは子どもです。

友の会のメンバーで、ある家の片づけをしたときのこと。学校から帰ってきた中学生の女の子が、カバンを置くと片づいたキッチンに吸い込まれるように入ってきました。「わあ、すごい、ここが私のお弁当箱の場所ね」、そう言って頷く姿に感動を覚えました。

これまではお弁当箱、バンドや袋、箸がてんでんばらばらに置いてあったから、毎回探すのにひと苦労だったでしょう。お弁当を自分で詰めなさい、片づけなさいと言われても、何がどこにあるかわからなかった。けれど置き場所が決まれば、そこを起点に体を動かすことができるようになるのです。

「置かれた場所で咲きなさい」というシスターの渡辺和子さんの言葉がありますが、家族それぞれが置き場所をわかっていたら、自分で自分のことができるようになるでしょう。それが自信になりますし、一番大きな変化は不便が解消されて自由度が増すこと。家族がお互いに能力と個性を出し合って成長していく関係になれるし、しようと思ったことを行動に移しやすくなります。それが心地いいのですね。

今よりよい方へ向かうように、何かが育っていく。そういう空間なんですよね、居場所のある家って。

手を伸ばせば届く
コックピットを
お手本に

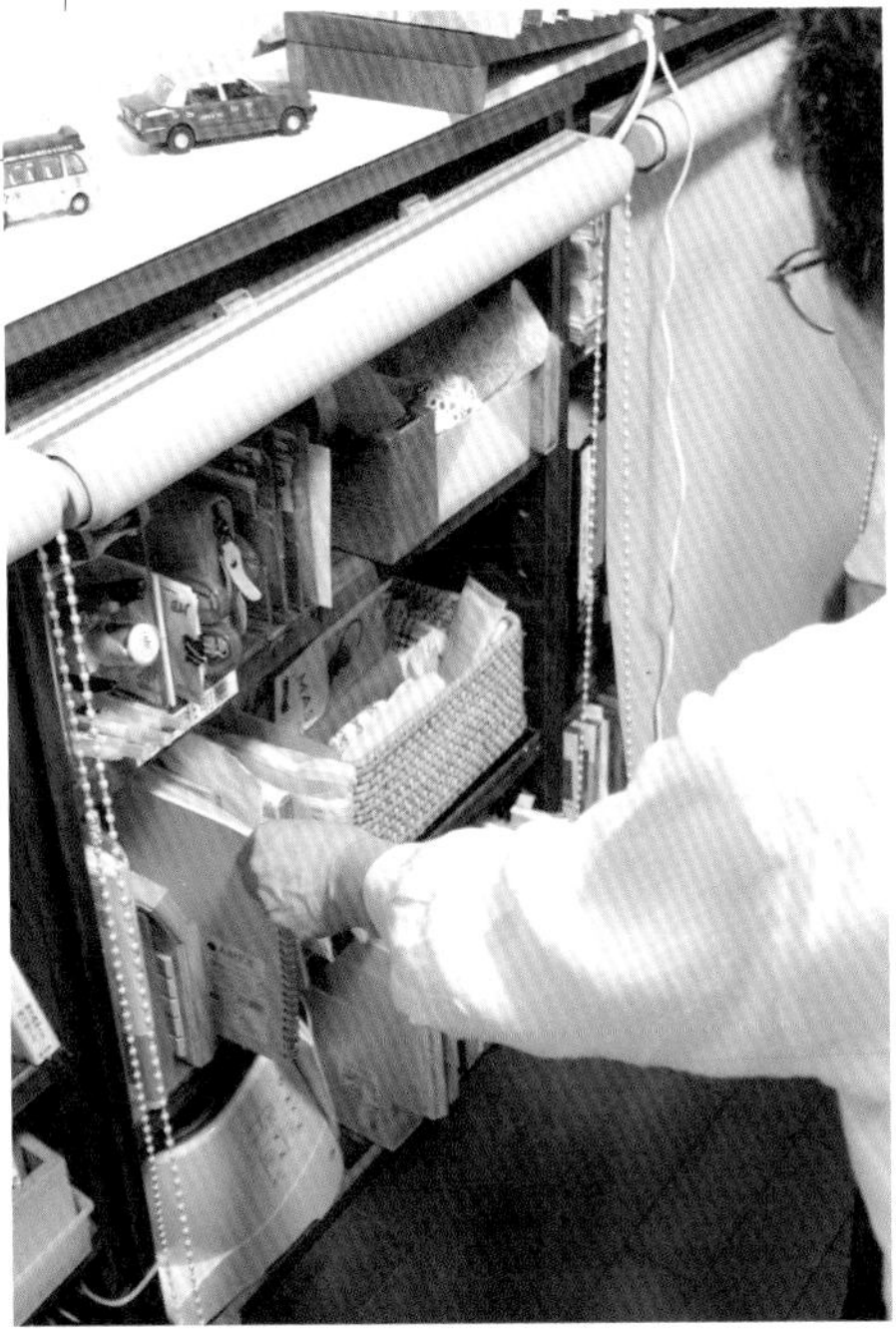

主婦室では机の隣に棚を配置。座ったまま手を伸ばすと文房具や家計簿を取り出せます。頭と手を同時に動かせるからストレスなし。

ペンや「済」スタンプは手前が高くなった三段式の棚に。財布は小型の間仕切りを固定した「指定席」に毎日戻します。

置き場所が決まると？

仕事も趣味も楽しくなる

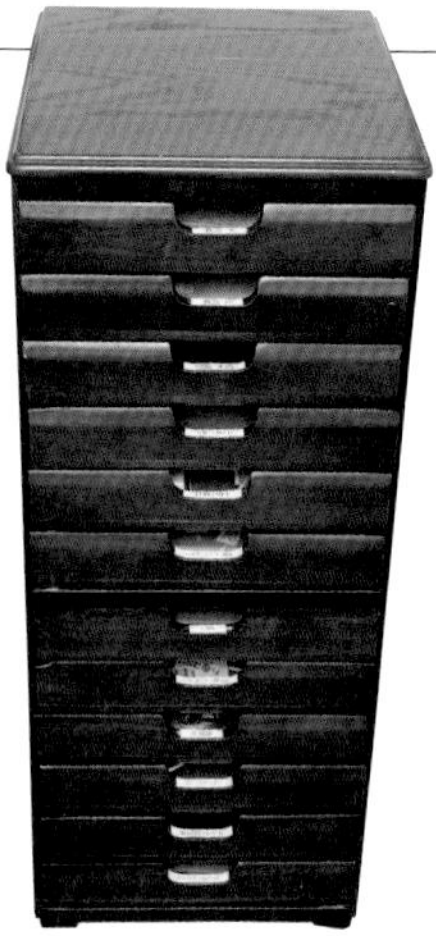

引き出しがたくさんついた書類棚をフル活用。事務仕事をするときは助手のように頼もしい存在です。

私たちの1日は「したいこと」と「しなければいけないこと」のせめぎ合い。もし自分の居場所がなく、必要な資料や道具が家のあちこちに散らばっているとしたら、「しなければいけないこと」にはなかなか取りかかれませんね。やったとしても時間がかかり、自由に使える時間は少なくなってしまうのではないでしょうか。

例えば、パソコンのフォルダがきちんと整理されているところを想像してみてください。同じように情報や道具がたちどころに取り出せる環境なら、多少不得意なタスクも先延ばしせず取りかかれるはず。結果、好きなことをする時間の余裕も生まれます。

「教会」「封筒・切手」「眼鏡」など、書類棚には引き出しごとにラベルを貼っています。引き出し１段につき１種類、多くても２、３種類に留めておくのがポイント。日曜日、教会での礼拝が終わったら、月曜の午前中に、録音した説教を書き起こし、午後にはポストへ投函できます。

毎週日曜日には教会に通っています。あるとき、牧師さんの説教がとてもいいね、聴き流してはもったいないという会話から、毎回録音して書き起こし、希望するメンバーに郵送する係になりました。あらかじめ宛名を書いた封筒や切手などを一式、教会関連の資料とともに主婦室の書類棚に収めておきます。こうすると、机に座ってテープ起こし→プリンターでプリントアウト→封筒に入れて切手を貼る、までが主婦室の中で完了。散歩の途中でポストに投函すれば、週の前半には皆さんの手元に届くという寸法です。仕事が終われば自由時間。いそいそと趣味のギターを取り出すのはそんなときです。

第2条「モノの持ち方、しまい方」に筋道をつける

物は多すぎても少なすぎても物理的、心理的に人を束縛します。そこで考えたいのが「モノの持ち方、しまい方」。「仕えて舞う」と書いて「仕舞《しま》う」と読むのは「次にお役に立つように」という意味だと私は捉えています。例えばしまう場所が離れすぎていたり、取り出しにくかったりすると、だんだん使わなくなる。次に使うときのことを考えてしまわないと、物も本来の役割を全うすることなく終わってしまうのです。

置き場所の方程式があるとしたら「使用頻度」×「動線」のかけ算。書類を例にとると不動産契約書や年金証書、パスポートは重要度でいうと最高ランクですが、使用頻度は低い。だからしまうのは引き出しの奥の方。逆に健康保険証や取り扱い説明書、学校関係の書類など使用頻度が高いものは、取り出しやすいように引き出しの手前に置くのが鉄則です。この考え方は家中の置き場所で応用できます。

数年前にミシンを買い替えたとき、キャスター付きのワゴンに付属の道具と一緒にしまってみようと思い立ちました。普段は納戸に入れておき、使うときはワゴンごとリビングまで移動させ、ワゴンの天板を広げて使うという算段。実は前のミシンが壊れたとき、新しく購入するかどうか迷いました。でも取り出すのがラクだと「何か縫おうかな」という気になるんですね。物のしまい方の筋道が立つと、好きなことをする時間も自然に持てるのだと思います。

ミシンは付属の道具一式とともに作業台付きのワゴンに。普段はトイレ前の納戸に収納し、使うときに引き出します。キャスター付きなので移動もラクラク。

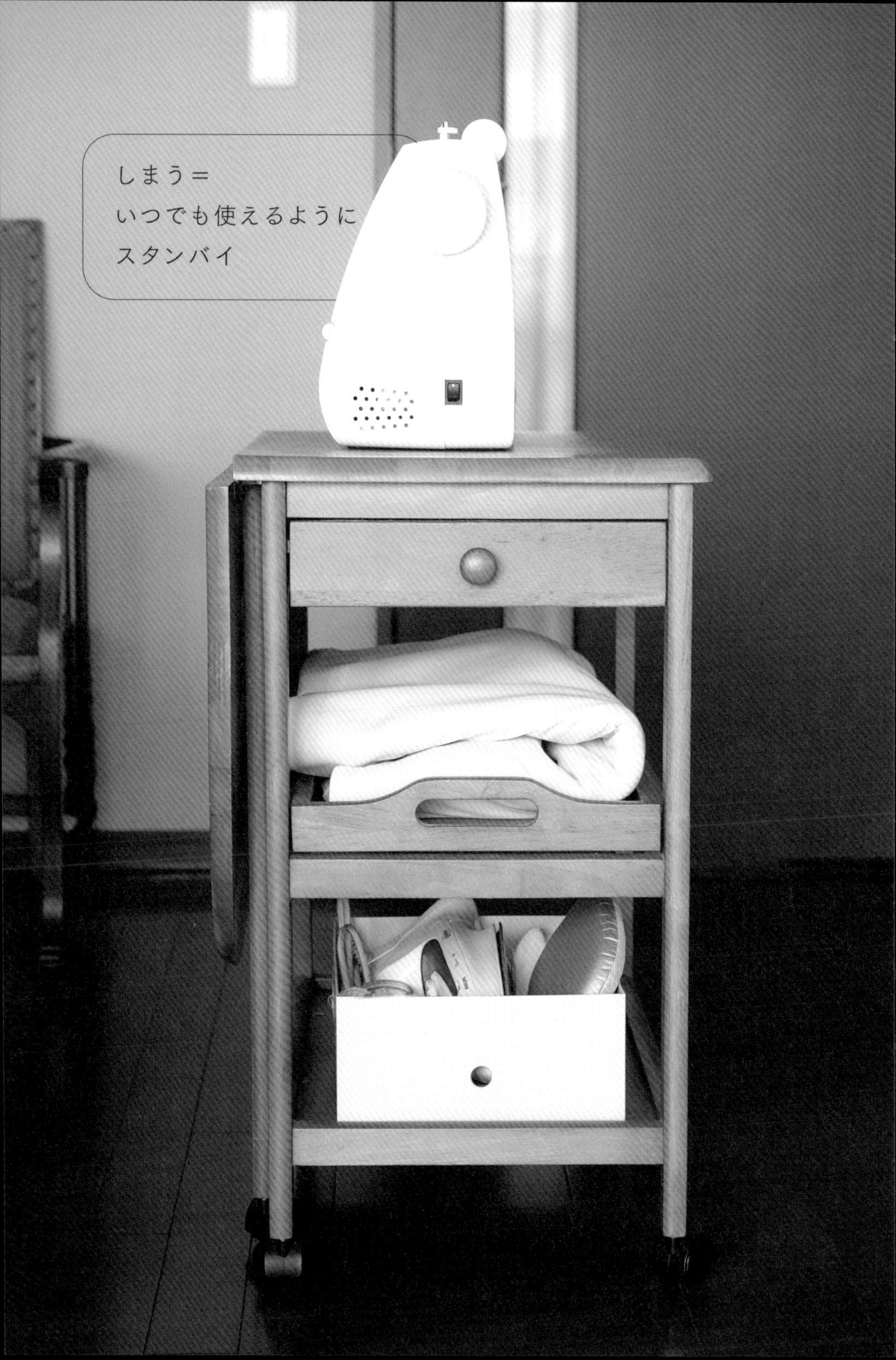

しまう＝
いつでも使えるように
スタンバイ

ルートが決まれば
ルーティンがラク

「食」の棚は「グループ化」を徹底。「粉類」「パスタ・麺類」「調味料」などに分けボックスへ。ケーキづくりの道具も１つのカゴにまとめて。

"routine"(ルーティン)の語源が"route"(ルート)で、「経路」や「通り道」という意味があるというのは発見でした。日本語にするなら「家事動線」です。私は廊下のつくり付けの収納を家計簿の費目にならい、「衣」「食」「住」「交際」の棚に区切って活用しています。例えばボタンを付けるなら「衣」の棚へ。ボタンは容器にまとめ、糸と針も同じ「衣」の棚にあります。パンをつくるときは「食」の棚。粉類のボックスから小麦粉を、下段からホームベーカリーをという具合。ルーティンは家事動線が決まっているとてもラク。置き場所までのルートがあると、体も自然に動きます。

大きさ・重さ・コストに無理はないか？

2つある「衣」の棚のうち、玄関寄りの方に夫婦2人の靴を収納。メッシュのケースは、箱より通気性と視認性がアップ。靴の数はここに入る分だけ。

2つ目の「食」の棚の上半分はストック、下段にはホームベーカリーなど重い家電を。出し入れの際、肩や腰の負担を減らす工夫。

物を持つときには、物の手入れと気持ちの手入れ、両方が必要です。通常のメンテナンスに加えて、大きすぎないか、重すぎないか、コストに見合っているかを改めて問いかけてみるのです。もし出し入れする度に重すぎる、取り出しにくいと感じるとしたら、いくら物がよくても、持ち続けること自体が負担になってしまいます。愛着がわかず、扱いもぞんざいになってしまうのです。その意味で物を手入れしつつ、ときどき自分の気持ちも振り返ってみましょう。思い描いていたイメージと現実の兼ね合いを見てみることで、自ずと物の取捨選択ができていくのだと思います。

モノと心のピントが合うとき

あると快適な季節の家電。わが家のインテリアに溶け込みつつ、小回りの効くものを見つけるとうれしくなります。右の木目調のサーキュレーターはドウシシャの「DC ボックスファン」。薄くて軽いのでピアノの上にもちょんと置ける。左の小型扇風機、THREEUP 社の「充電式マルチフォールディングファン」は伸縮式で首振り機能も多彩。コードレスだからちょっと風がほしいとき、あちこち運んで使えます。

夜、お風呂から上がったら、リビングにランタン風の照明、LE KLINT 社の「CANDLELIGHT」を灯します。仄暗さの中で 1 日を省みて。

リビングの飾り棚には季節や行事に合わせて、あるいは新しく買った物を飾ったり。私のお楽しみコーナーです。

物の買い方にしても人づき合いにしても、ピントが外れていると満足いかないもの。物は持ちっぱなしではなく、定期的に「暮らしのピント合わせ」が必要です。自分の気持ちに寄り添い、家族のこと、健康状態、春夏秋冬などいくつかの視点を通して家の中を点検してみるのです。

よくある「安かったから」、

それと「あったらいいかも」はピント外れの最大要因。「かもね」に焦点を合わせると、どうしても現実とズレがちです。ただしこのレンズも日頃から磨いておかないとボヤッとしか見えません。「ピンボケだから」とすぐ捨ててしまうのはちょっと待って。DIYで手を加えたり、置き場所を工夫したり、試行錯誤しているうちにピントが合って、生きた映像のように見えてきたらしめたもの。映画の重要な登場人物と同様、もはやわが家の一部として手放したくないと思えることでしょう。暮らしのピントが合うにつれ、居心地もだんだんよくなる。そうやって居場所ができていくんですよね。

第3条 汚れの原因とそうじの意味を知る

片づけたそばから部屋が散らかるように、生活していれば汚れは出るもの。人が動くだけで衣服の繊維や皮脂が落ち、外から風で塵が入ってくる。それがホコリの素。毎日そうじしていても、ホコリは溜まるし散らかるし、私たちは常に逆境にいるようなものなのです。

先日、友人が一軒家からマンションへ引っ越しました。洗面所の床が白く、汚れが目立つせいか、「洗面所って汚れるのね」と驚いているので、「脱ぎ着するし、顔を洗うし、髪をとくし、いろんなものが落ちたり跳ねたりする……。だから『そうじの最初は洗面所』と決まっているのよ」。

わが家で毎朝続けている「朝イチモップ」も洗面所が起点。1日が始まる前に、洗面所の汚れがキッチンやリビングに移動するのを防ぎたいからです。汚れの原因を知り、効率よくそうじができるポイントやタイミングを把握しておくのは大切なこと。でも、そうやってきれいにしているつもりでも、ある日、別の隙間に気づいてモップを入れてみると、びっくりするくらいホコリが出てくることがありますね。人間も同じだなと思います。我こそは正しいという顔をしていても、自分では見えないところにホコリが溜まっているのではないか……。あ、こんなところにホコリが、なんの汚れだろう？　と思うところから、ありのままの自分と向き合っていける気がします。私がそうじに入れ込むのも、そこに理由があるのかもしれません。

洗面台の背面の壁に可動式の棚板レールを取り付け、「そうじステーション」をつくりました。そうじ道具をここ1か所にまとめ、朝イチモップもここからスタート。

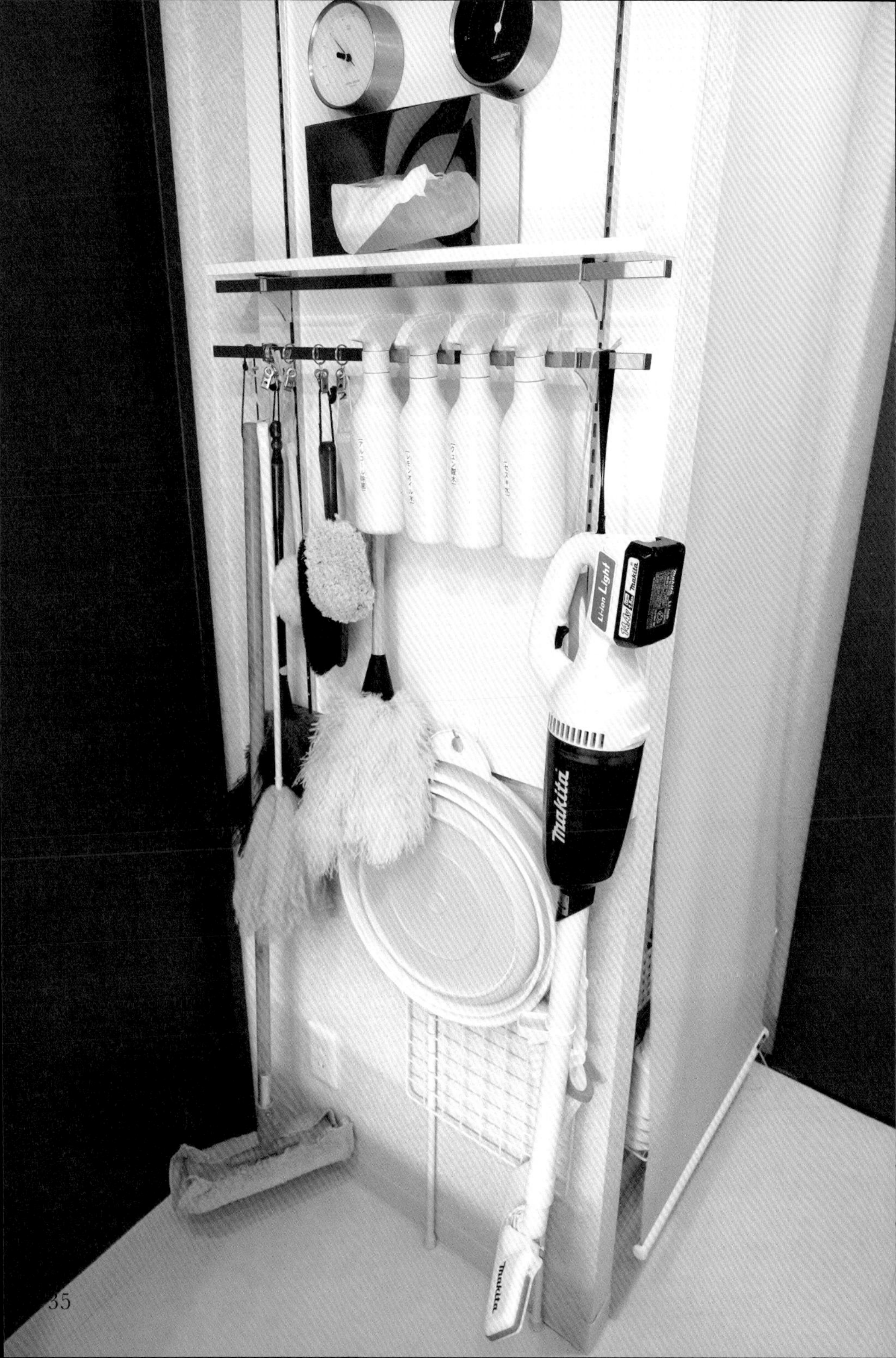

アルコール除菌
レモンオイル水
クエン酸水
セスキ水
Li-ion Light
makita
makita
makita

そうじのスタートは 洗面所

汚れには全部「素」があります。洗面所は髪の毛、フケ、剥がれ落ちた皮脂とその製造工場みたいな場所。それに湯気が加わり、化粧品が飛んだりして複合的な汚れに発展します。

そうじは「目のつけどころ」から始まります。汚れが大きくなる前に「目」をつけられるかが肝心。朝イチで床をモップがけしたら、その後は洗面台を使うたび、汚れに気づいたらきれいにしていきます。手を洗ったら手を拭くのと同じ感覚でできるようになるといいですね。

使った後にサッと。洗面所のついでそうじ

使う物→
マイクロファイバークロス

道具置き場

クロスは丸めて容器に入れて、すぐ使えるように。

1

シンクがザラッとしていたら、水垢とタンパク質汚れが原因。水だけで落ちない場合は、ハンドソープをつけてこすります。

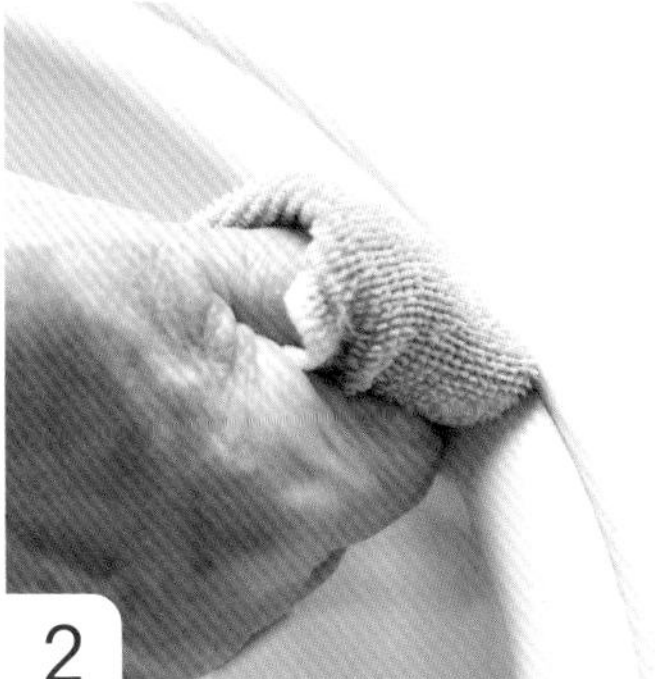

2

接合部分は親指の先で毎日ぐるっとなぞっておくと、汚れが溜まりません。

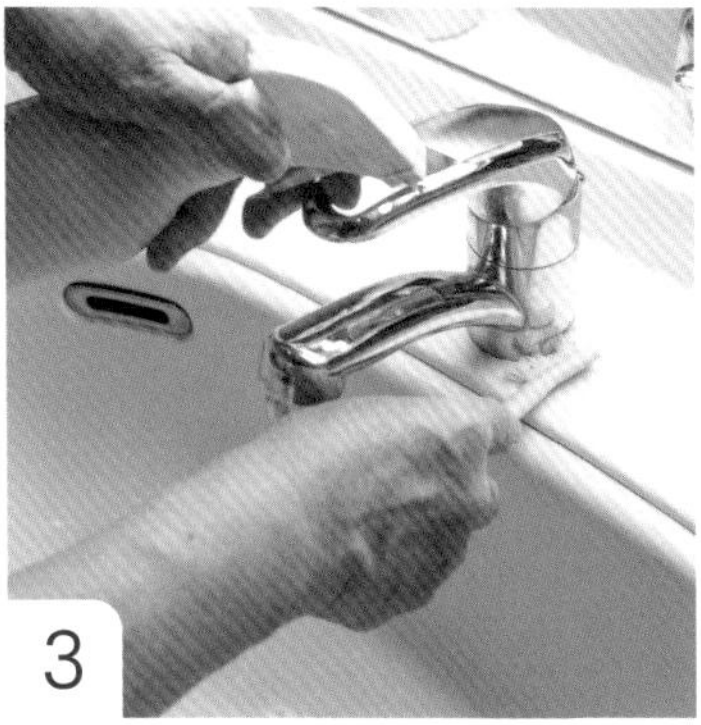

3

蛇口の根元はブラシでこすり、水垢がついていたらクエン酸水（水200ml＋クエン酸小さじ1）をシュッとスプレーして。

4

最後は乾いたタオルで拭き上げてピカピカに。水分をとっておくと水垢を防げます。

机の下もトイレの床も
スイスイ、床モップ

トイレ

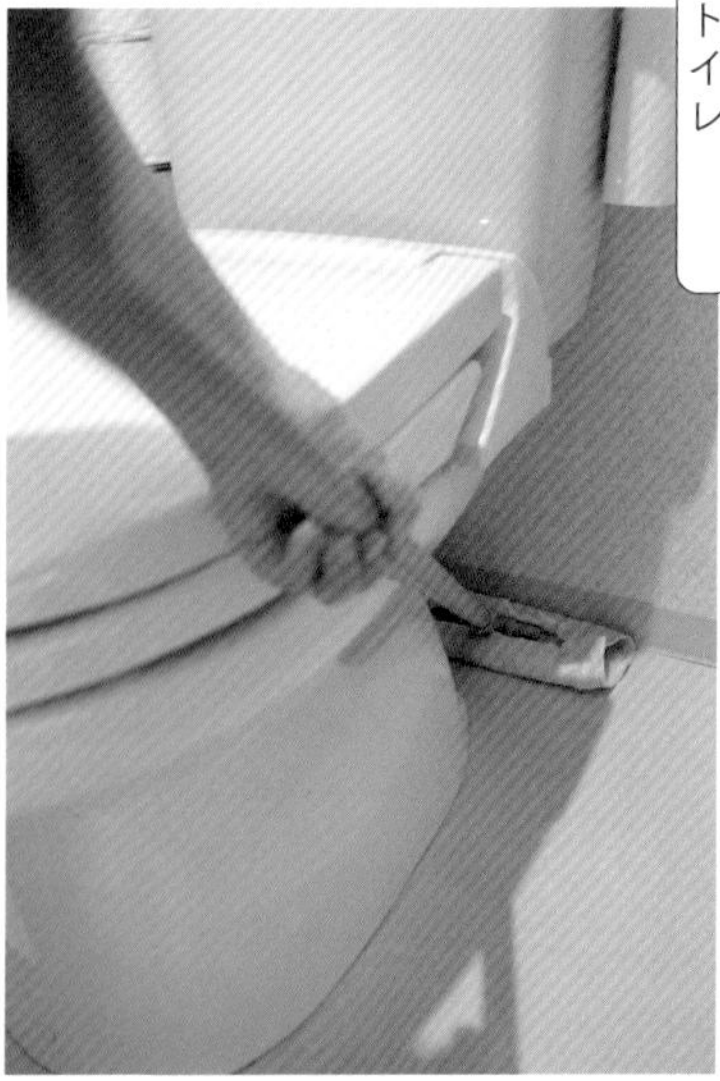

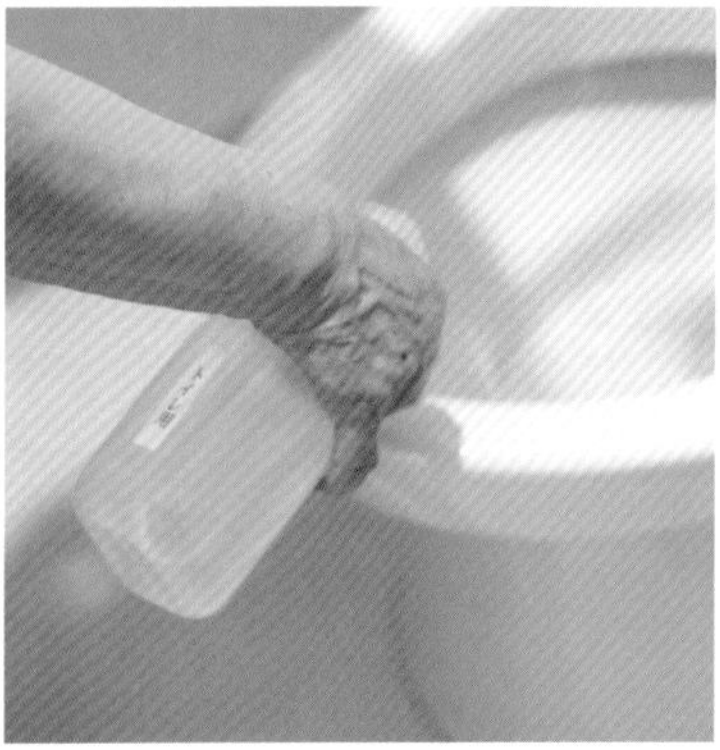

ウォシュレットのコードもすっきり巻き上げ、平らな床をキープ。セスキ水（水200ml＋セスキ炭酸ソーダ小さじ1/2）は尿や便由来のタンパク質汚れに効果あり。寝る前にスプレーしておくと違います。

主婦室

床にはすべての汚れが落ちるため、モップが隈なくかけられるように、床置きをしない工夫をしています。机の脚の間に板を貼って、ごみ箱置き場をつくりました。

キッチンの床は何も敷かず、料理した後はすぐモップがけ。おかげで床の白さをキープ。

第4条「いつでもどうぞ」と言える家を目指す

私にとっては毎日が特別な1日。その時間を仲間と集って過ごす場所を持てるかどうか。「いつでもどうぞ」と言えるかどうかは、居場所があるのと同じくらい大切なことです。

先日、エレベーターで同じマンションの方から声をかけられました。開口一番、「山﨑さん、前にすすめてもらった掃除機が壊れてしまったの。今度は何がいいかしら?」。もう10数年も前にわが家のオープンハウスに来てくださって、その後は挨拶程度だったのでびっくりしました。でもおすすめした掃除機がそのお宅で活躍していたと思うと、お互い家をよくしたいという気持ちがあれば、いつでもこんなふうに繋がれるんだとうれしくなりました。

いくら居心地がよくても、家族だけで空気の入れ替わらない空間では、独りよがりな雰囲気が漂い始めると感じるのは気のせいでしょうか。羽仁もと子著作集に「四通八達の家」という言葉が出てきます。内にこもり、心に垣根のある家は八方塞がりの家、それに対し、どこに向かっても開かれ、よいものを交換し合う家であれ、という言葉の意味するところは「いつでもどうぞ」と言える家のことだと思うのです。

私たちは人と物との関わりの中でしか生きられません。子どもを育て上げた人もそこで終わりではなく、今度は自分が育っていく番。これからは自分育ての時期なのです。家を開き、お互いを刺激し合いたいと願います。

お客様の顔を見たら、お茶を淹れて手づくりの甘いものを添えて。衣食住、家計は誰もが関係する話題。まずはお互いの話を心ゆくまで聞き合うことから始めます。

来客時にパッとしまえる、目隠し棚

わが家ではオープンハウスのほか、友の会のそうじグループの会合も月数回あります。来客があってもなくてもそうじのルーティンは変わりませんが、出しっぱなしはちょっとという物を一時的に収めておくのが、次女のお婿さん特製の目隠し棚。

台所のカウンター下にぴったり収まる奥行きで、普段はレシピブックや電話器が置いてある程度。すわ、お客様！となったら、その辺に出ている物をカゴにポイポイ。カバーを下ろせば壁の一部のように目立ちません。考えてみるとこれも置き場所の1つかもしれません。この棚のおかげで慌てることなくお客様をお迎えできます。

カバーを下ろせば、壁の一部のように目立ちません。

普段はガラガラ。空のカゴが3つあれば一時置きには十分。

お互いの生活を語り合う、オープンハウス

これまでの出会いを記録に

始めて20年以上。リビングでミニコンサートを催した思い出も。

画面に見えるそれぞれの生活

撮影した自宅の写真がテレビ画面に映ると、皆さん真剣な眼差し。

オープンハウスは、これまでに訪問したさまざまな家から受け取った気づきをお返ししたいという気持ちから始めました。わが家の収納や設えをひと通り見てもらった後は、参加者の皆さんが各自で撮ってきた自宅の写真をリビングのテレビに映して見るのが恒例。段ボールが積み上がった玄関や、書類の床置きだらけの書斎が画面に映し出されると、撮った本人も「あら」という表情。生活しているときにはわからなかったアンバランスさがありありと映し出されるからです。それについて皆で喧々諤々。1つの事例が、それぞれの気づきや学びに繋がっていきます。

居心地がよいと
居場所ができる

私の趣味はクラシックギターを弾くこと。夫の楽しみは数学の問題を解くこと。私は主婦室、夫はリビングの窓際、それぞれの居場所で心ゆくまで好きなことができる幸せ。外出しても早くギターが弾きたくて、いそいそと帰る日もあります。

素敵なコーヒーカップも、ウィンドウより実際の生活の中の方が生き生きと見える。テレビの置き方ひとつで部屋の印象は変わる。これはショールームではわからないこと。これまで訪問した家の雰囲気そのものから、多くを受け取ってきました。

モノは多すぎても少なすぎても

今の生活と気持ちにしっくり添う、
心のピントが
合うモノだけに囲まれて。

懐中時計

夫の戦友、懐中時計。

電車の扉に挟んで腕時計を壊して以来、「企業戦士」の日々をともにした懐中時計。ご苦労様の気持ちを込め専用スタンドを買いました。

読書用クッション

膝の上で読んだり書いたり。

夫が出かけた後、リビングでゆっくり読書をするときのお供は片面がアクリル板の読書用クッション。タータンチェックもお気に入り。

『ジョージ・ジェンセン』のティータオル

水切りカゴ代わりに重宝。

食器洗いの水切りカゴを使わない代わりに、洗い上げた器はタオルにふせておきます。綿100%で吸水性のよいこのタオルが大活躍。

クッション

手づくりのクッションカバー。

かれこれ40年前に購入した『ジョージ・ジェンセン』のテーブルクロスをクッションカバーに。1つずつデザインを変えてみました。

ムーミン

ムーミン谷からこんにちは！

飾り棚は私の趣味一辺倒ではなく、小学生の孫たちが好きなムーミン谷の仲間を忍ばせて。気づくとうれしそうにニコッとします。

銀のスキットル

ハイカラだった父の愛用品。

商売人の父が船で上海へ行くとき、ウイスキーを入れていた銀のスキットル。出てきたときは真っ黒、磨いたら輝きを取り戻しました。

コーヒーメーカー

気軽にサイフォン式が楽しめる。

コロナ禍で家時間が増えたとき、コーヒーメーカーを買い換えました。電気のサイフォン式（ツインバード）は珍しいせいか、お客様にも喜んでもらえます。

思い出はエネルギー

先日、部屋の壁に飾った孫の写真を見て夫が言いました。「ちっちゃかったんだよな、このとき。宮ヶ瀬ダムでおむすびぺろっと1つ食べたよな」。長女が9か月の孫を残して亡くなった後、2歳半になるまで預かっていた頃の写真です。同じ壁に日光で次女が撮った私たち夫婦の写真があります。長女の病がわかった時期で、見るとあのときの心象風景が蘇ります。ある意味、思い出すことがエネルギーになるというのでしょうか。エネルギーがないと感情が弱くなります。うれしくもない、悲しくもない、心が動かされない。だから私はアルバムをよく見ます。思い出はエネルギーだから。

写真はすべてスキャンして、年代ごとにパソコンのフォルダに入れています。夫と孫の写真から、右上／「背が伸びたね」とカウンター下で背丈を測っているところ。右下／菜の花畑の写真は預かったばかりの頃。左上／宮ヶ瀬ダムへ遊びに行ったとき。左下／千葉の海で撮影。寒中見舞いに使いました。

子ども部屋、そのままになっていませんか？

私の主婦室

次女が結婚するまで使っていた北向き、約５畳の部屋を念願の主婦室に。残されたのは固定電話だけ。

↓

３年前のレイアウト。向かって左の壁際にデスクを配置。書類や小物を置く棚を窓際に並べ、上にはプリンターなどを置き機能的に。

これまで子ども部屋と夫の書斎はあっても、自分の部屋はなかったという人がほとんどではありませんか？　お子さんは独立しているのに子ども部屋はそのままというお宅も多いようです。子育てが終わってできた時間や空間を自分のために使いたくても、どうすればよいかわからないという声も聞こえてきます。

小さな子どもがサークルの中で集中して遊ぶように、安心できる居場所があったなら、これまで出してこなかった心のうちを表現しようと思えるのではないでしょうか。それは自分自身を知ることでもあるし、苦しまなくてはいけないときは苦しむ時間を持つということでもあります。それも居場所がなくてはできないこと。もし子ども部屋がそのままなら、片づけて自分の居場所づくりを始めませんか？「ま、いいか」の連続で人はダメになります。子どもが子ども部屋で成長するように、私たちも居場所の中で自分を成長させていきましょう。

それぞれが見つけた「私の居場所」を拝見！

「棚１つからでも居場所はできる」
その言葉を実践する、
友の会の皆さんの例をご紹介。

大切な物をひと部屋に集めて　Nさん

上／思い出の器やぬいぐるみは精選してディスプレイして飾り棚に。
下／壁面収納をフル活用。本、書類、裁縫道具などグループ分けして収納し、デスクの上はすっきり。

心落ち着く空間で暮らしたい　Kさん

上／リビングダイニングは、くつろぐ場所。目が騒がしくならないように、物も色数を減らして。
下／好きな植物を出窓に並べた、穏やかな寝室。いざというときの非常用ジャケットも、準備万端！

家計簿記帳もここならはかどる　Tさん

左／家計簿の勉強をしたり、毎日の記帳をするスペース。パソコン、プリンターの配置を機能的に。
右／机の下に収まるキャスター付きワゴンに紙の家計簿と筆記用具を。電卓と財布は同じ引き出しに。

ダイニングテーブルを広々使う幸せ　Mさん

左／ダイニングテーブルなら、ミシンからアイロンまで必要な道具を全部並べられます。
右／パソコンの作業もここで。テーブルの上に必要なものだけ広げ、終わったら片づけて元通りに。

Lesson 1

70代で、小さな住まいに住み替える

湯浅ヨシ子さん編

長年住み慣れた自宅を息子家族に明け渡し、かつて両親が住んでいた築30年の隣家に移り住んだ湯浅ヨシ子さん（以下、ヨシ子さん）。50坪から25坪の家にダウンサイジングした家で、小さな困りごとを山崎さんに相談しました。

押し入れにあったボックスと入れ替え、A4書類が縦に入るように。過去の資料は隣の本棚に入れ、机には今使う物だけ。「これなら必要な物がすぐわかります」。

机の上には、A4の書類が縦に入らないボックス。その上には、趣味で制作した木目込み人形が。

手つかずの物を始末

「夫婦2人の暮らしに大きな家は必要ない。育ち盛りの子どもがいる息子家族こそ、大きな家に」というのが引っ越しの理由。けれど、70代の夫婦2人での引っ越しは、それはそれは大変だったそう。それでも、自分たちの衣類の持ち数を見直し、4人のお子さんたちの物も始末できたので、気持ちが軽くなったといいます。

念願のマイコーナー！

「山崎さんの主婦室に憧れていたので、マイコーナーをつくれたのが一番うれしい」

思い出せないものまで、
なんでも取って
おかないこと。

これ、
なんだったかしら…。
全然覚えてないわ。

「友の会の資料は、〈食〉〈子ども〉〈報告書類〉などカテゴリー別に分類するといいわよ」。

分類がしっかりできると
頭が整理されますね！

小さな棚をなくしたことで、飾り棚が映え、飾っている１つ１つに目がいくように。

玄関正面には飾り物が多く、目が散ってしまうので、よいものが生きない。

と、見せてくださったのは、LDKに近い和室。娘さんの勉強机を再利用したヨシ子さんのスペースは、一見整頓されています。ただ、書類が多く、探し物ばかりなのが悩み。

「書類の背表紙が見えないので、取り出しにくいのね。まず、書類は立てること。そして、〈現在〉と〈過去〉に分類すると取り出しやすくなる」と山﨑さん。さっそく片づけ開始です。

処分すると、いろいろなことが見えてきますね！

Lesson 2

家事動線に合わせた収納で、家族の誰もがわかりやすく

湯浅宏美さん編

引っ越して1年。住まいも収納も広くなったものの、
なんとなく置いた台所用品が使いづらいという湯浅宏美さん（以下、宏美さん）。
家族みんなが使う台所を例に、置き場所の決め方をレッスンします。

「片づけは、みんなの学びに」と、宮崎友の会会員の皆さんと一緒に行いました。

「皆さんと一緒に片づけができて、楽しかったです！」

40代の夫と中1長男、小1長女の4人で暮らす宏美さん。朝7時過ぎに出勤し、帰宅は21時頃になる忙しい生活です。子どもたちの夕食は、隣家の義父母（ヨシ子さん夫妻）にお願いすることも多いそう。「家族みんなが気持ちよく台所に立ちたいけれど、物が点在して動きにくい」と悩んでいます。「動線に合わせて、分散型でなく集中型の収納に。よい循環が生まれる台所にしましょう」とレッスン開始です。

収納にゆとりがあるので、置き場の決まっていない物がなんとなく置かれて。

食器棚

調理台の背面にある食器棚。お弁当箱や調理道具などがランダムに。

密閉容器や消耗品。今使っている物とストックが混在している。

食器棚下段左。お弁当箱、水筒、包む布、ピッチャーなど。

食器棚下段右。お茶類の道具とストックと、卓上調理器具。

before

あれどこ？

パッと置き場所がわかりません

ざっくり分類されているものの、家事動線に合っていないので、動きにくいのが悩み。

シンク下

シンク下は、据付けの米びつと洗剤類のストックが。

調理台下

調理台下には、点在している鍋・フライパンの一部が。

パントリー上段

消耗品と食材のストックが混在。

パントリー下段

食材と調味料のストック。全体量が把握しにくい。

すべて出して、グループ化！

グループ化は、家計簿の費目に合わせると、
家事動線もスムーズに。
食費に関する物は、主食（米・麺・パスタなど）、
調味料、酒類、お茶類、乾物などに分けて。

ステップ 1

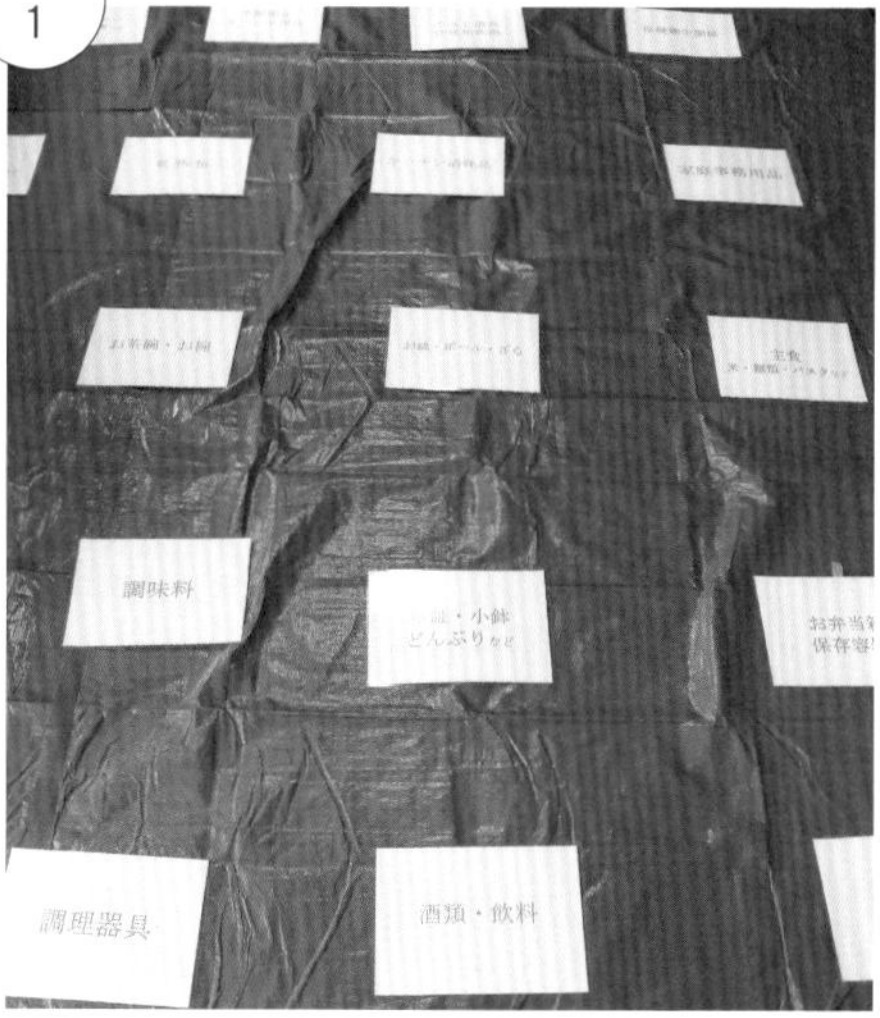

プレートを用意しておくと、出した物を分類しやすい。スペースがなければ、食材、調理器具など、カテゴリーごとに出すとよい。

ステップ 2

あちこちの引き出しに点在していた「調理器具」を1か所に集めて。

カップやグラスも、こんなにたくさんの種類が。

ステップ 3

ペットボトルの箱や牛乳パックの仕切りなどを使って分類。棚にこのまま置いてもよい。

ステップ 4

不要と判断した物はこれだけありました。

ケチャップも醤油も、
在庫が何本も
置き場所が決まれば、
あるのに買ってきて
なくなるはずよ。

「いる」「いらない」の判断は本人がする作業。

別の食器棚に入っていた食器は、食卓に近いこちらの食器棚に移動。よく使う器を手の届きやすい下に。届かない上段には無理に置かない。

食器棚

お茶やコーヒーなどの道具や、グラス、湯呑みなどはこの棚に集約。

After

どこに何があるのか、
わかりやすくなりました！

家事動線に合わせて、グループごとに収めます！

調理台

左／調理台はスッキリと。吊り棚には使用頻度の高い調味料、密閉容器、布巾類。上／シンク下の引き出しは一番取り出しやすいので、調理中によく使うボウルやザルを。奥は2軍の鍋類。

シンク下

シンク下は、もっとも使いやすい場所。米びつを撤去して棚を設置し、よく使うフライパン、1軍の鍋を置いて。

調理台下

コンロに近い引き出しは、上段に1軍、下段に2軍の調理器具。中段は調味料。

パントリー上段

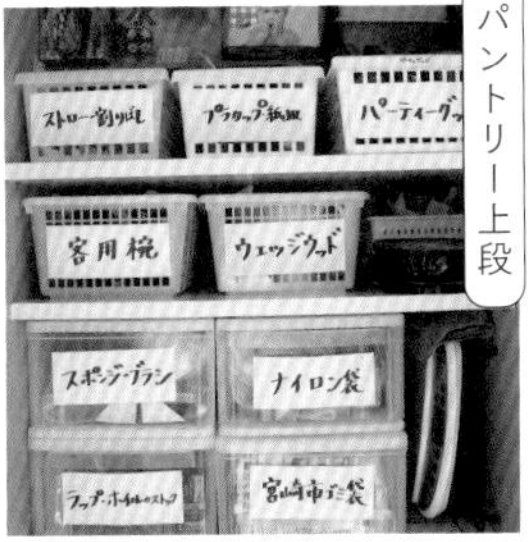

種類別に分けた消耗品のストックと、使用頻度の低いイベント用品、来客用食器を収納。

パントリー下段

食材、消耗品、洗剤のストック。米びつもここに。具体的なラベリングで、家族の誰もがわかる。

コラム1

日曜の午後が静かに流れゆく子らは各自の居場所にもどる

これは『婦人之友』の「生活歌集」に載っていた、ある友の会会員の方が詠んだ生活短歌です。「居場所」という言葉に目が留まり、ご本人に「どういう場面をお詠みになったの？」と聞いてみました。すると息子さん2人は社会人で下宿生活をしているとのこと。

「土曜日になると帰ってきて一緒に過ごします。食事をしたり、話をしたりして日曜の午後になると帰っていく、そのときのことをただ詠んだんです」というお話を聞いて「おいしかったよ、母さんありがとう」、英気を養ってそれぞれの生活へ帰っていく息子さんたちの姿が浮かびました。

この歌からは子の巣立ちを迎えた母親の静かな満足感が伝わってきます。若い人たちは自分の生まれ育った家から次のステップとしての居場所を自らみつけなくてはなりません。それまでに親ができることといえば家庭という居場所と食事を提供することだけ。それだけにこうして安心して送り出せることへの感謝が伝わってくるのですね。

また母親自身の穏やかな日常へ帰っていく安堵感もうかがえるようです。私が心に留めたのもその部分。親子が互いに自分の居場所を持っていること、そのことに対して深い共感を覚えたのです。

②

生活は「脳活」

元気で過ごすために
70代の私が大切にしていること

生活が脳をきたえる

生活は毎日変化します。季節はもちろん、天気や来客の予定、冷蔵庫に何があるかまで、昨日と違うことばかり。その「今日」に備えて頭を働かせるのが「脳活」です。とはいえ、そうじのやり方ひとつとっても、決まっているフォーマットをよしとして、それ以上更新する気力が薄れていくもの。「これで何とかまわっているし」と言いたいところを、立ち止まって「脳活」です。頭と手を動かして生活をさらによくしていく。その繰り返しで暮らしが愛おしくなっていくのです。

言葉は脳のエンジン１

［記録する］

11階のわが家から見える、丹沢の山並み。

朝の体重測定

私たち夫婦の朝はいくつかのルーティンから始まります。朝一番にするのは体重測定。体重と体脂肪率、筋肉量を計量して記録用紙に記入します。夫は週6万歩を目標にしているだけあって、筋肉量は「40代」並み。私の方は「60代」なので、もう少し運動量を増やさなくちゃと思っているところです。体重の増減も毎日つけているからすぐわかる。原因もおおよそ見当がつくので、食事内容に気をつけたり、運動を意識したり、すぐ調整しようという気になります。

体重測定

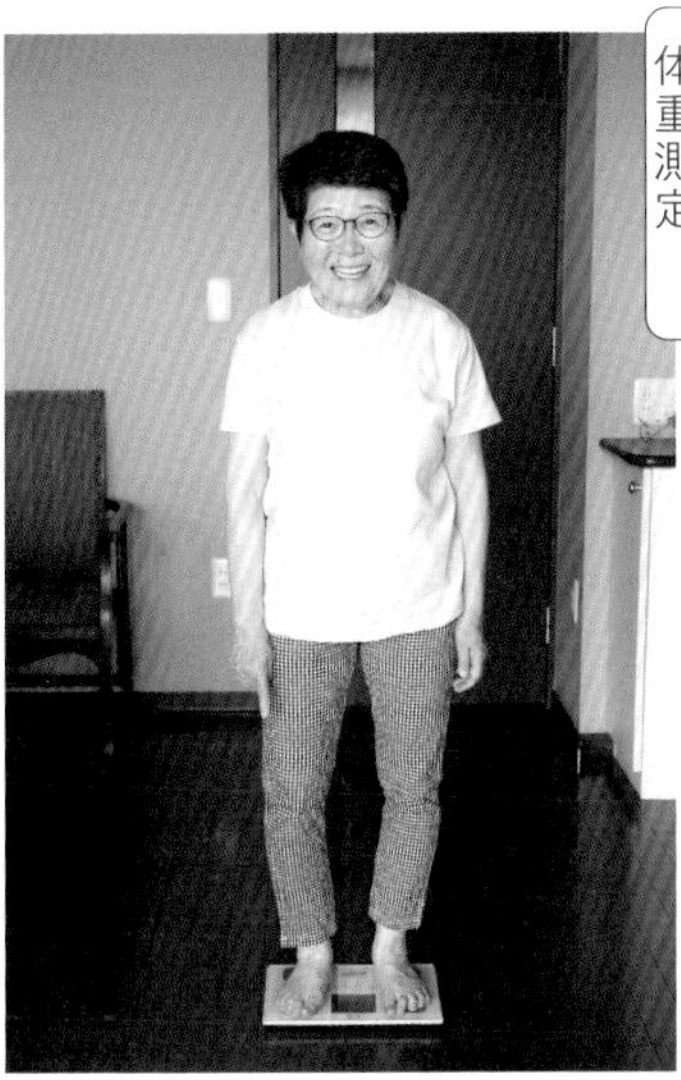

体重計はここ

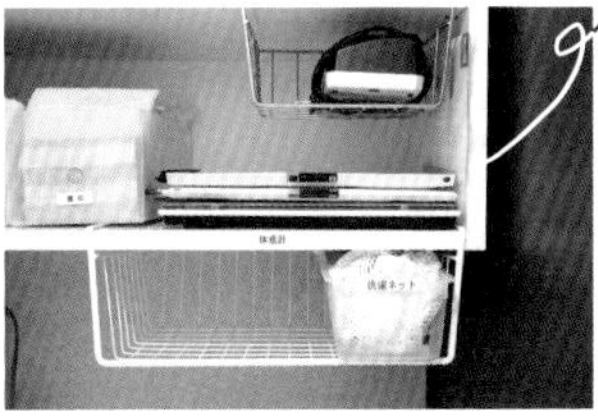

体重計は洗濯機の上の棚が置き場所です。「体重計」とラベルを貼り、夫と私、２人分の記録用紙のファイルと一緒に。顔を洗ったらすぐ計測できます。

血圧測定

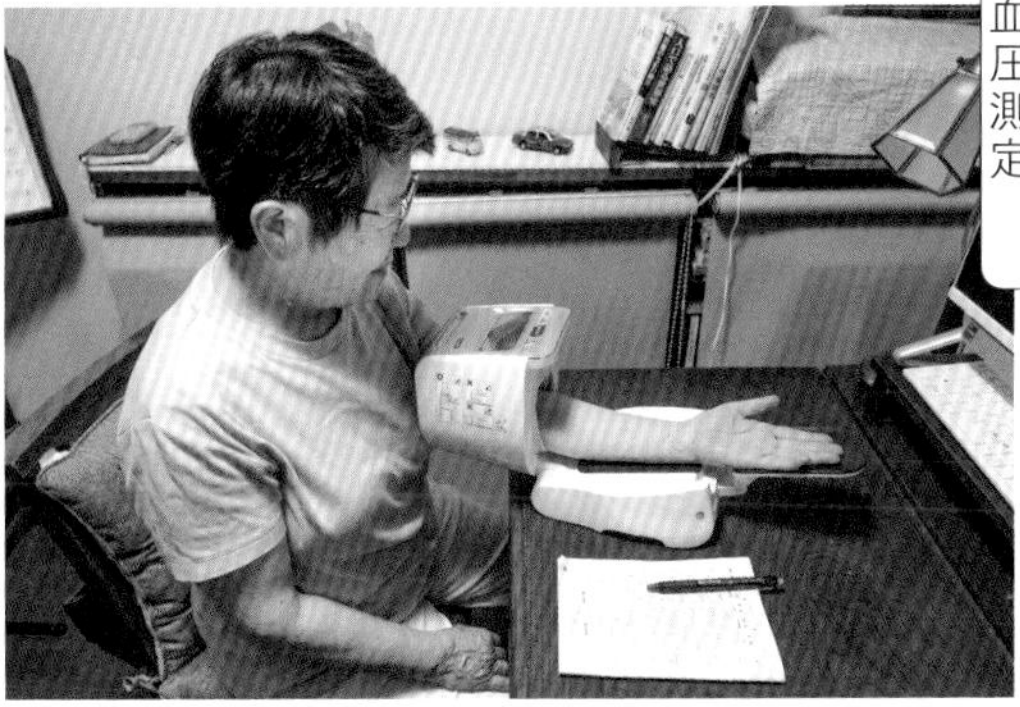

血圧測定器は主婦室に置いています。朝仕事のひと通りが済んでから「朝読書」の前に計測します。

記録用紙にはもう1つ役割があって、手帳と同様、その日のスケジュールを書き込んでおきます。これを見ないことには1日が始まりません。今日は10時に婦人之友社打ち合わせ、明日は11時にZoom会議、金曜日は友の会の集まりをわが家で、という具合。毎朝、今日1日の時間配分を頭に描きます。

体重測定は健康管理を目的に始めたことですが、数字を測ったり、記録したりするうちに脳が目覚めていきます。数字を見れば、家計簿と同じで冷静に比較や判断ができるのです。体重とスケジュールのチェックをしたところで、朝食、そうじ、テレビ体操とルーティンは続きます。

言葉は脳のエンジン2

[読む・書く・解く]

朝読書と読書日記

主婦室の壁一面は本棚。片づけやインテリアなどの実用書、キリスト教関連の書籍が並びます。本棚は、キャスターをつけて可動式に。

朝食が済んだら夫は後片づけ、私は朝のそうじ。テレビ体操が終わって7時半には主婦室に入ると決めています。夫も同じタイミングでリビングのロッキングチェアに腰を落ち着けて、それぞれ朝読書と数学タイムの始まりです。

本と出合うきっかけはさまざま。小学生の孫が『古事記』を読んでいるのを見て、『古事記』をもとに『日本書紀』の制作に関わったとされる藤原不比等に興味を持ったり、大

数学の問題

リビングの窓際が夫のスペース。キャスター付きの小棚に読みかけの本や筆記用具、ノートを置いて。ローテーブルは伸縮式なので広げて使用。

航海時代とコロンブスについての大著を読んだり。これと思った記述はパソコンの読書日記に打ち込みます。この日記を新しい知識が入ったときに脳が動き出す「音」という意味を込めて『脳ノオト』(脳の音)と名づけました。

通勤電車で数学理論の本を読むのが楽しみだったという夫は、心ゆくまで定理や数式と取り組んでいます。私にはちんぷんかんぷん。でも夫の脳もしっかり脳活中です。

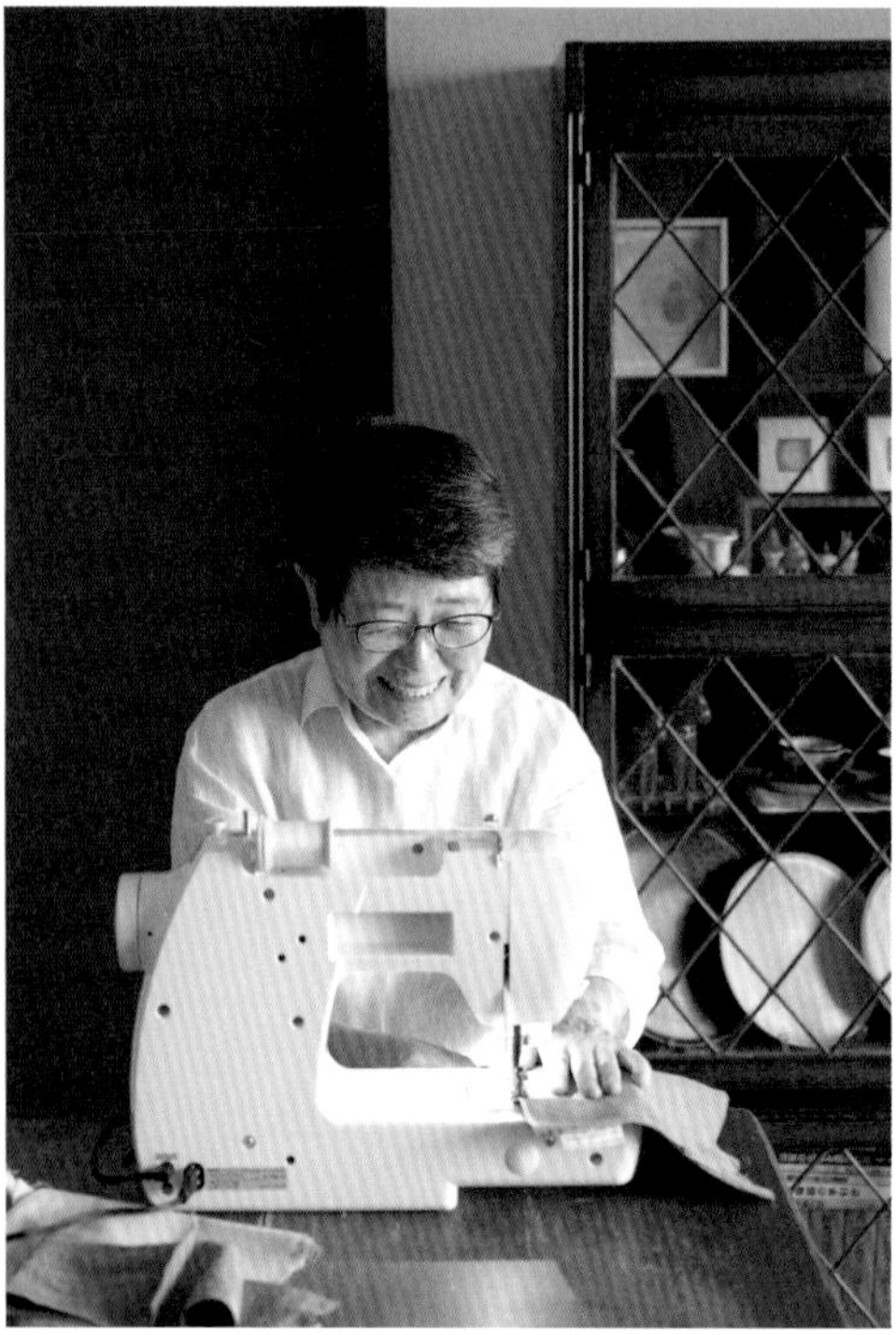

基本時刻の枠組みの中で、毎日がテンポよく進みます。今日は少し空いた時間でミシンをカタカタ。

「基本時刻」を柱に生活を組み立てる

夫婦ともにリタイアし、家時間が増えても起床と就寝、朝・昼・晩の3食の「基本時刻」はこれまで通り。基本時刻が決まっていると、まとまった時間がつくりやすく予定も立てやすい。元気な午前には頭を使う仕事、午後はのんびりといった具合にメリハリもつけやすくなります。友の会の仲間には家族の「風呂終わりの時間」を決めている人も。光熱費を節約できる上、早く清潔になってくつろげます。そんなふうに自分なりの基本時刻を決めておくのもいいですね。

「今日」がはみ出していませんか？

忙しい現役世代ほど就寝時間が後ろ倒しに。
その結果、「基本時刻」はどうなる？
友の会の「生活講習会」に参加してくれた
Aさん、Bさんの例を見てみましょう。

Aさん

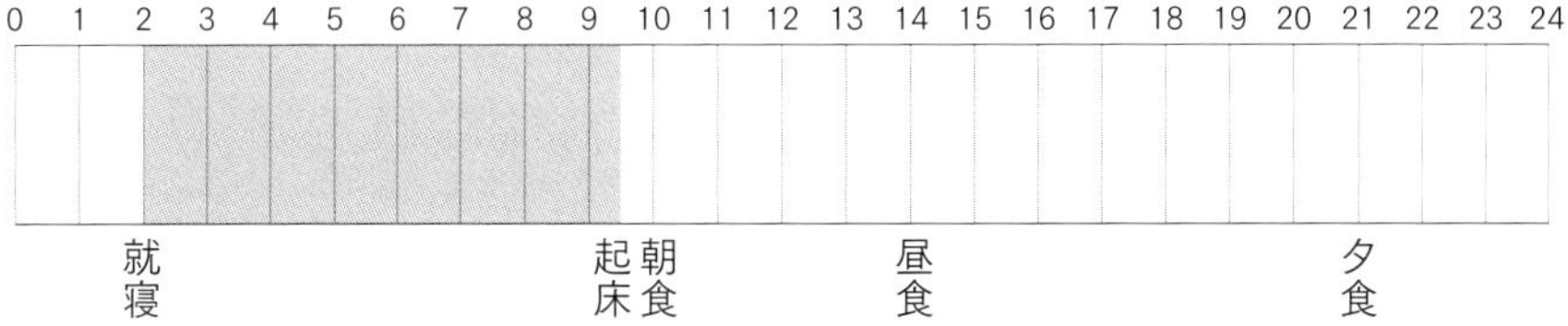

就寝が午前2時。起床時刻もゆっくり。そのため食事の基本時刻が3食とも標準より2～3時間ずつ後にずれ込んでいます。夜型タイプは夕食時刻が遅くなりがちのよう。

Bさん

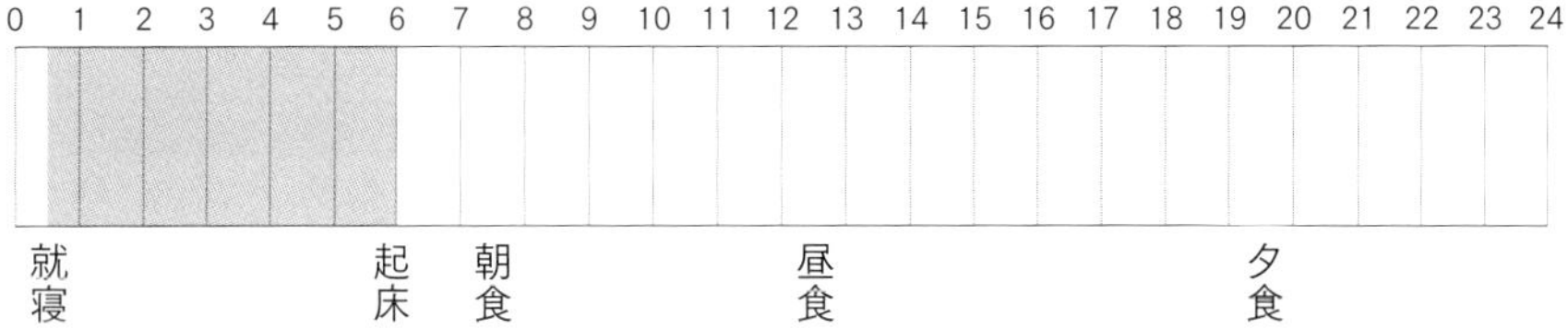

就寝は午前0時30分にもかかわらず、お弁当づくりのために6時起床。家族に合わせ、食事の基本時刻は守られていますが、短い睡眠時間で奮闘している様子がやや心配。

山﨑

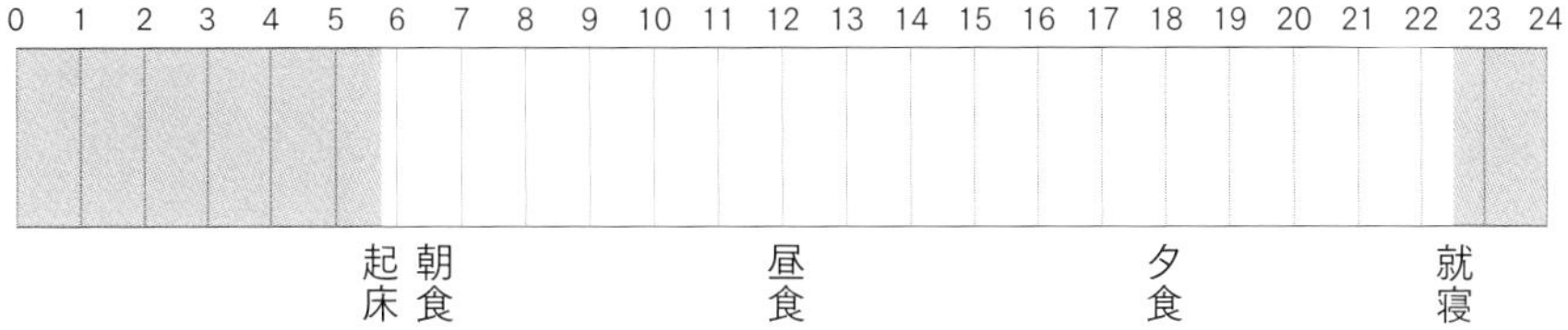

3人の中で唯一、起床から就寝までの時間がその日のうちに収まっている“太陽とともにある生活”。早寝早起きが基本時刻を後ろ倒しにしない、好循環の秘訣です。

リズムよく暮らす２

ある１週間の予定表

水曜	木曜	金曜	土曜
予備日	教会	教会事務	自由時間
オープンハウスなど	リセット日	友の会	教会事務
冷蔵庫の内外を拭く リビング（家具を拭く、棚・桟・床のそうじ、観葉植物の手入れ） 		家具のつや出し・ドアノブを拭く （月１回） カーテンの手入れ （年３回）	クローゼット整理 フローリングのワックスかけ （各月１回）
		常備菜づくり 	

この表はある1週間のスケジュールです。日曜日の教会を起点に、曜日ごとの予定はほぼ決まっています。月曜は午前に牧師の説教のテープ起こし、水曜は決まった予定がないので少しのんびりして、木・金は日曜の教会のための準備をします。家事予定のそうじは毎日のそうじのほかに、週1回、月1回など頻度別にするそうじが入り、月曜から金曜までは2人の孫の夕食を用意する「孫食堂」もあ

	日曜	月曜	火曜
予定（午前）	教会	教会事務	友の会
予定（午後）	教会事務	自由時間	友の会
家事予定（午前）		浴室（壁面と床を洗って乾拭き、風呂釜の排水口の丁寧洗い） 洗面所（引き出し内、取手を拭く。化粧品・消耗品の整理と補充） 大物洗濯	
家事予定（午後）		家庭事務 常備菜づくり	
孫食堂			

※イレギュラーなアポイントメントは「予備日」に対応します。
※家事やそのほかの仕事でできなかったことがあれば「リセット日」に片づけます。

ります。

午前と午後では午前の方が効率よく仕事ができるので、朝のうちにこれだけやっておこうと頭が働くようになりました。重たい仕事も1週間の前半に済ませます。この方法にしてから、to do リストも無理なくこなせるようになりました。

家事のシステム化1

置き場所で家事ラク

台所のカウンター下に
食器→配膳

カウンターは台所とリビングの境目にあります。その下の収納に日常使いの食器をすべて収めています。

パートナーに家事に参加してもらうにはどうしたらいいか？ 手っ取り早いのは家事をシステム化すること。そのシステムに乗っかってもらうのが理屈抜きでわかりやすい方法だと思います。そのためには誰でもうまくできるシステムを考える必要があります。

朝食用の食器並べは夫が担当。カウンター下から取り出すだけなので、動線は最短。

洗面台下の収納に扇風機を入れられたのが勝因。
奥行きがあるため、横にすると入りました。

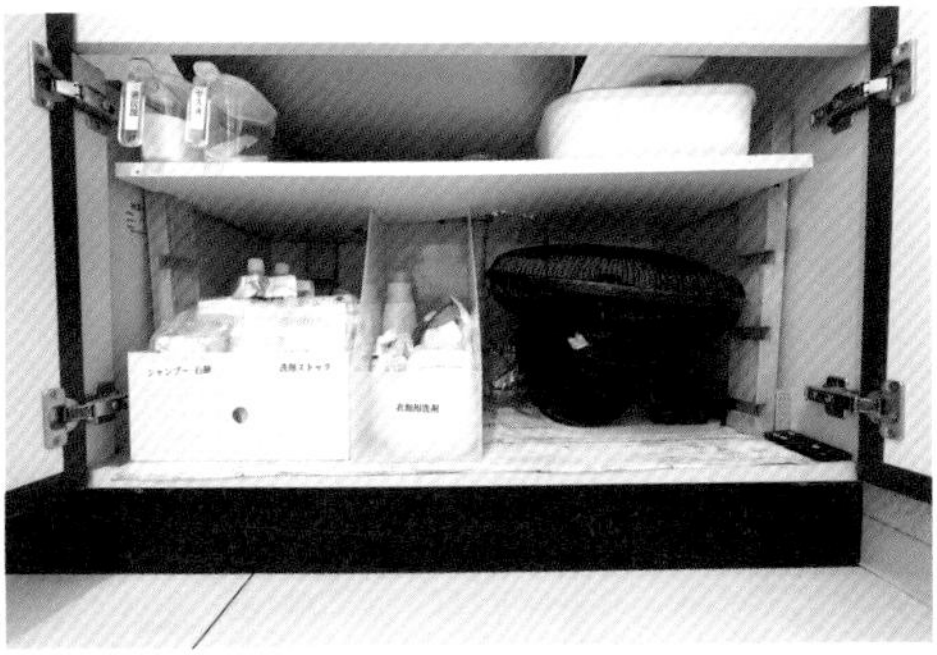

洗濯関連はもともと夫の担当ですが、ある日、浴室乾燥機が壊れてしまいました。すると、「扇風機で乾くよ」と夫。そこで洗面台下の収納を1か所まるまる開け、扇風機が入れられるようにしました。雨の日はここから取り出し、隣の浴室で乾かします。

洗面台下に
扇風機→衣類乾燥

夫が考案した扇風機で衣類乾燥する方法。2人分を乾かすならこれで十分。鼻歌交じりでやってくれます。

家事のシステム化 2

フライパンはワンアクション ラベルも中身も一目瞭然

「小さな物こそ指定席」

小さな物

冷蔵庫の調味料は瓶同士がガチャンと当たったり倒れたりするのが困りもの。クリップ式の仕切り(P.75)で1つ1つ「指定席」をつくりました。

フライパン

以前はボックスを横にして重ねた引き出し式収納でしたが、次第に肩に負担が。仕切り用のスタンドを固定し、差し込み式にしたらワンアクションで取り出せるように。

ラベル

保存容器に貼った「ラベル」はこれぞ「脳のエンジン」。文字を認識すると脳の指令もスピードアップ。手書きをやめてテプラにしたら、いっそう見やすくなりました。

仕切り

クリップ式で複数を組み合わせて使用します。幅を好きなように変えて仕切れるのがいい。

テプラ

字幅 18mm と以前より大きな文字が印刷できるタイプを選びました。ラベルがより見やすく。

70代の2人だから変えたこと

実は70代になったという理由で何かを変えたことはありません。ただ生活する上でひっかかりを感じたら変えていくのは日常茶飯事。これぞ「脳活」ですね。最近でいうとフライパンのしまい方、ラベルの文字の大きさを変え、冷蔵庫の仕切りを増やしました。フライパンを出すのは主に私ですが、食洗機から出してしまうのは夫の係。でもまず私がやりやすい方法を考えて、「頭の体操になるわよ」と慣れてもらいます(笑)。私たち2人も変わっていくから、物の持ち方もしまい方も更新していくのが当たり前。だから、昔の家の写真を見ると「古いな」と思いますよ。

模様替えで小さな不都合を解消

わが家を何度目かに訪れてくださった方が、リビングに足を踏み入れて「おや」という顔をするのはよくあること。そのくらい、わが家では模様替えが頻繁です。気に入っているのは、ダイニングテーブルを斜めに配置すること。四角い部屋に柔らかさが出るからです。これはモダン建築の巨匠、ル・コルビュジエの山荘のテーブルの置き方を真似ました。このダイニングテーブルは伸縮式なので、天板を引き出せば最大6席を用意することもできます。

こうした模様替えは気分転

換の範疇ですが、私がしょっちゅう模様替えする理由はほかにもあります。それは小さな不便を無視して大きな失敗をしたことが何度もあったから。右利きなのに置き場所が左端でやりにくいなとか、机から本棚までもう少し近いといいのにとか不便をそのままにして片目を瞑って暮らしていると、そのうち大きな失敗をしでかします。大切な書類を紛失したり、予定していた会合をすっぽかしたり。中でも大事な腕時計をなくしたのには、心底がっかりしました。どこかにするりと落ちてしまったのか、どなたかにあげたのだったか……。

最近、長年の懸案事項がすっきり解消する画期的な模

様替えに成功しました。リビングのスピーカーは、長女のお婿さんが選んでくれたＪＢＬ社製。高さ１００㎝ほどのフロア型なのですが、２つあるうちの１つだけがどうしても部屋の幅に収まらない。ピアノとテレビを置いているチェスト、オーディオ棚、本棚と並べると置くスペースがないのです。それを解決する方法はただ１つ（とそのときは思っていました）。ピアノの側面と壁の隙間を狭めること。モップの幅分だけ間隔を開けてあるのですが、背に腹は変えられません。ただピアノを動かすとなれば私たちの手には負えないので、お婿さんたちの力を借りる必要があります。機会をうかがっているう

ちに、コロナ禍に突入してしまいました。

かれこれ3年経った頃、お風呂から出てリビングに入ったとき、はっとしました。反対側の壁に置いているライティングデスクの方が、本棚より幅が狭いのでは!? 測ってみたら5㎝幅が狭いことがわかりました。それだけあれば、スピーカーが入ります。棚なら中身を出して家具スベールをつければ、私たちでも移動できますから、次の日に夫に手伝ってもらって即刻入れ替えました。テレビを挟んでスピーカー2つがきれいに並んだ気持ちよさといったら！ あのときのアドレナリンの量といったらありませんでした。

半調理品や常備菜など
冷蔵庫の中は「先手仕
事」の成果が整然と。
冷凍庫も同様です。

「食」は先手仕事主義

「食事の支度は30分」というのは、裏を返せばそれ以上、時間をかけていられないというのが本音です。友の会で共有している「時間に追いかけられない方法」の1つに「先手仕事」があります。例えば野菜を買ってきたら洗っておく、切っておく、冷凍しておく。「ご飯食べましょ」となってから泥を落としているとつらいし、「天ぷらつくりましょ」で粉を買いに行ったらだめなのです。食べることを億劫にしないためにも、先へ先へと手を打っていきましょう。

1

キャベツは上3分の1を横に切り、下3分の2と分けて使います。これは知人のシェフに習った方法。

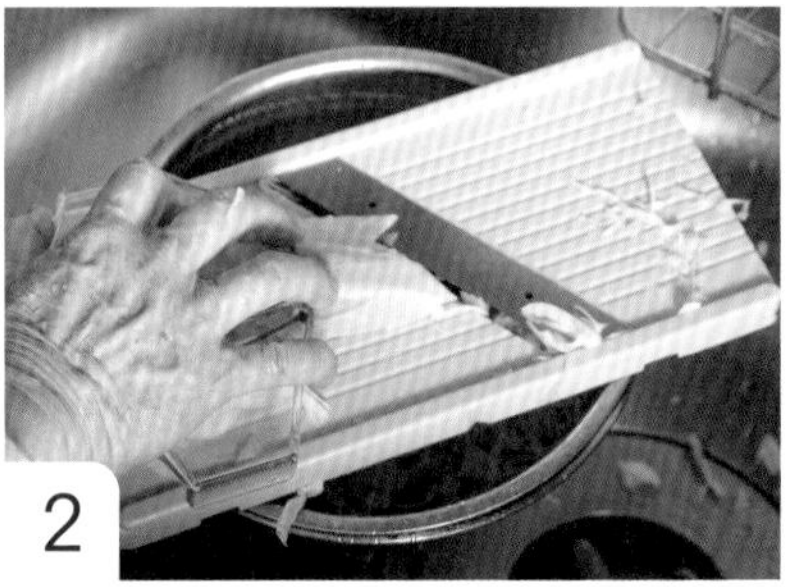

2

上3分の1は葉の部分なので柔らかく、生で食べるのに向いています。スライサーを使えばせん切りもあっという間。

3

芯の部分を含む下3分の2は、ざく切りにして保存用ポリ袋へ。蒸し野菜など加熱する料理に使います。

4

トマトは厚さ7mm程度のいちょう切りにして容器に入れ、塩1%、砂糖1.2%をふっておく。これだけでおいしいマリネに。

土曜日：
野菜の下ごしらえ

毎週土曜日の朝、近所の広場で野菜の販売があります。新鮮な無農薬の小松菜が1把100円と破格の値段なので、いつも大人気。競争率も高いのですが、夫が張り切って買いに行ってくれます。

夫が帰ってきたら、今度は私の出番。ほうれん草なら5把分はありそうなのを全部洗って、4分の1は生のまま

5

せん切りとざく切りキャベツ、トマトのマリネでキャベツとトマトの仕込みが完了。

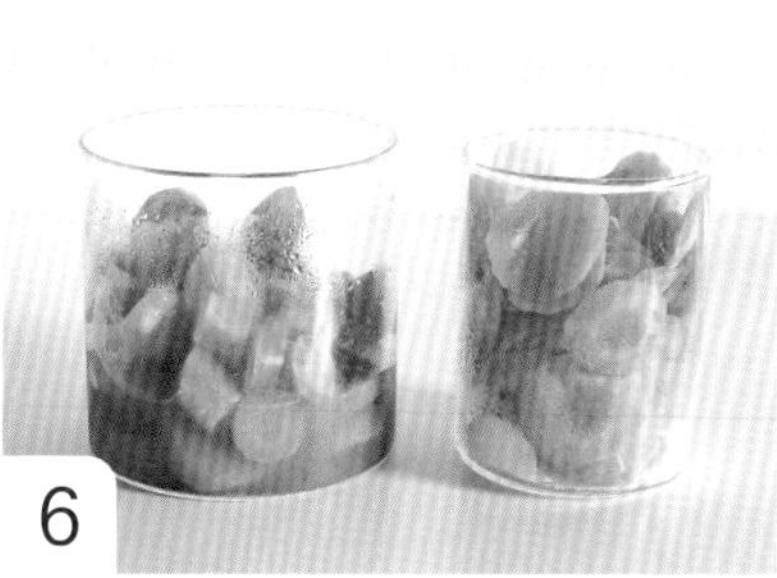

6

人参は薄切りと、砂糖なしの塩グラッセに。料理や付け合わせにいつでも使える状態にしてから冷蔵庫へ。

7

「これらを使って野菜の蒸し煮をつくってみましょう」。人参の薄切り、ざく切りキャベツ、冷蔵庫にあったカット済みピーマン、鶏ハムをフライパンに入れ中火にかけ蓋をします。

8

野菜の水分が出てよい香りがしてきたら塩、胡椒、酒をふって完成！　毎朝、こんな具合に蒸し野菜をつくっています。

切って冷凍。あとは軽く茹で、すぐ食べる分を取り分けて、冷凍します。こうしておくと朝のジュースや蒸し野菜にもすぐ使えますし、お客様のお腹ふさぎにお出しするポタージュにも便利です。

　キャベツも丸のままだと料理をする気になれないので、必ず切っておきます。トマトは洗って半分はマリネにしておくとすぐ食べられる一品になります。人参も薄切りとグラッセに。ここまでしておくといざ料理となったら、まな板を使わず、ぱっぱと鍋に入れるだけ。我ながらこれが料理？　と思わなくもないですが、ここまでしないと、なかなか必要な量の野菜をとれないのも実際のところです。

カット済みの野菜をフライパンに入れるだけで、野菜炒めや蒸し野菜が気軽につくれます。

冷蔵庫の「引き出し」が健康を支える

スペースを有効活用する収納法の1つ、「引き出し」を冷蔵庫でも採用しています。冷蔵庫の奥行きと同じ長さのトレーには、直径約10㎝の耐熱ガラス容器がちょうど3つ入ります。「朝のジュース」「半調理」など引き出しごとにラベルを貼っておき、1つのトレーを2〜3日で食べ切るペースです。

常備菜や半調理品があれば、主菜を決めるだけで献立が整います。トレーの中身を順番に食べていくだけで栄養バランスもとれるのは、引き出し式のおかげだと思います。

切っただけ、茹でただけの
「半調理」が食卓を救う

あさつきの小口切り、茹で大豆、種を取って切ったピーマン。あとは鍋に入れるだけ。

生野菜がたくさん食べられる
「サラダ 漬物」

大根やきゅうりをスライスして、ぽん酢やノンオイルドレッシングに漬け込むだけ。

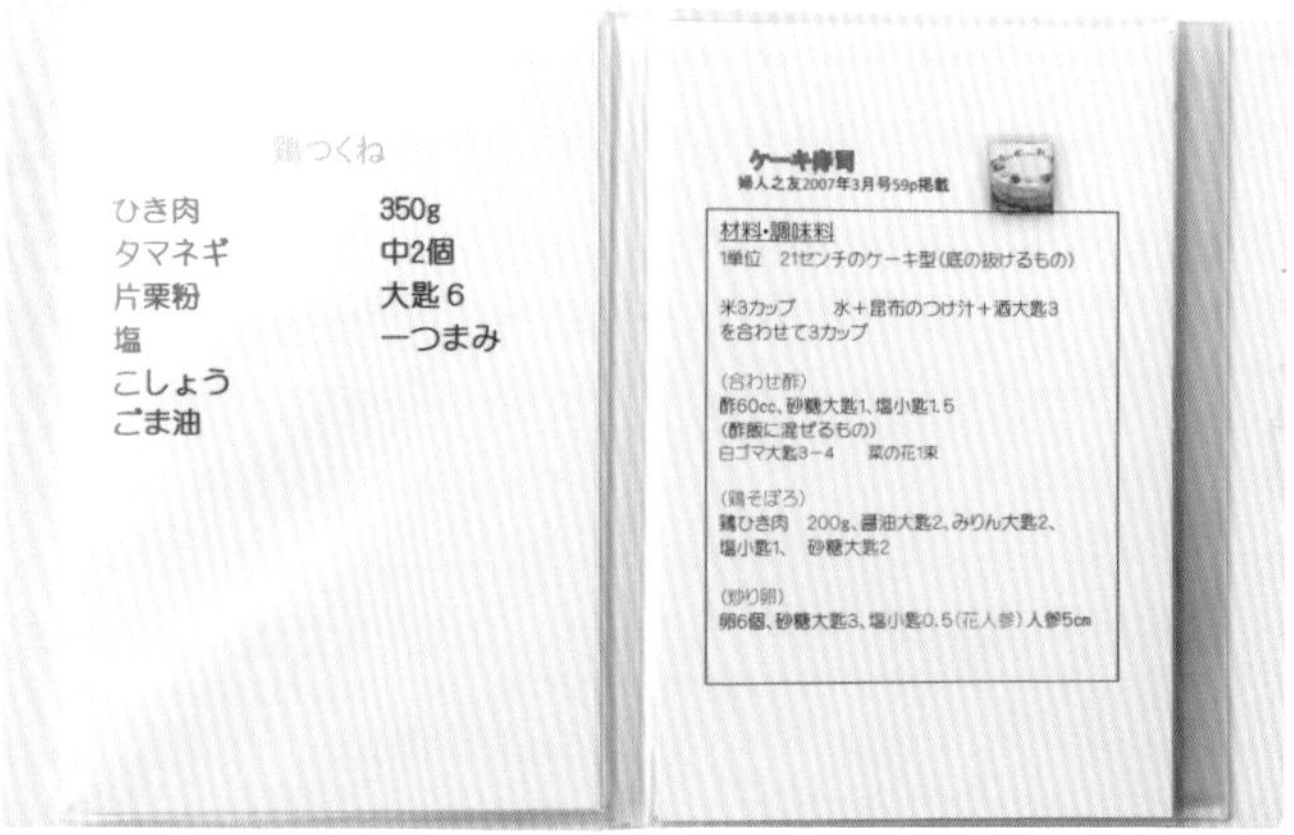

普段のおかずの隣に華やかな行事食「ケーキ寿司」のレシピが並んで。どれも家族が好きなものばかり。

レシピは カードファイル２冊

まだ結婚して数年の頃、夫が勤め先の会社の頒布会で料理の本をひと揃い買ってきたことがありました。学生結婚で若かったせいもありますが、夫が密かに心配するくらい料理はできなかった。そんな具合に始まった私の家庭料理も、今はカードファイル2冊にレシピがすっきり収まっています。家族のお祝いにつくるケーキ寿司、孫たちに人気の豚丼、野菜の常備菜など、ハレの日もケの日もこの2冊さえあれば十分なのです。

押し寿司（ケーキ寿司）

家族のお祝いごとに繰り返しつくったケーキ寿司。今は忙しい日の朝に前もって用意しておくことも。この日は押し寿司の容器でつくり、夜の「孫食堂」に登場。

無調整

40年続けている野菜ジュース

毎朝つくりたての野菜ジュースを飲むようになって、かれこれ40年。始めたきっかけは家族の野菜不足を補うため。会社員時代の夫は会食も多かったからです。

人参のすりおろしがたっぷりと青菜の茹でたもの、すりおろし生姜がベースです。ここまでを下準備しておき「朝のジュース」のトレーへ。朝は冷蔵庫からトレーを取り出し、さらにきな粉と豆乳、味のまとめ役のお酢を足してジューサーにかけるだけ。夫が出しておいてくれたカップに注いでおよそ500㎖をぐっと一気飲み。体が洗われるような朝の1杯です。

週2回のお弁当デリバリー

週2回、マンションの隣の棟に住む孫が塾に通うようになりました。塾が終わるのが19時でフルタイムで勤務する娘の帰宅も19時。そこで帰ったら夕食をすぐ食べられるように、親子3人分のお弁当を届けるようになりました（下の子はいつも通り、わが家の「孫食堂」で食べます）。

松花堂の弁当箱のいいところは、あらかじめ仕切りがあるので、そこを埋めていけば様になるところ。ご飯と主菜の仕切りは決まっているので、あとは酢の物や煮物など冷蔵庫の常備菜を詰めていけば完成です。今日は冷凍庫にあったブリを焼いてきんぴら、かぼちゃの煮物、カブの甘酢漬けなどを見繕って入れました。3つ重ねて風呂敷で包み、ランドリー用のカゴに入れて夫が重そうに運んでくれます。空っぽのお弁当箱が返ってくるとやっぱりうれしいものですね。

わが家の家事シェア事情

調味料や豆乳など重い物を夫が買ってきたら「重かったでしょ！ありがとう」を忘れずに。

夫が家事をするようになったのは仕事をリタイアしてから。食器洗いから始めて、本やノートが散らかっているのをここにしまったら？ という具合に、少しずつ家のことに目を向けてもらいました。

朝一番の台所に入るのは夫です。食洗機から食器を出し、朝食のために並べておいてくれます。夜の台所を「仕舞う」のは私の役割ですが、正直、疲れてやりたくないときも。けれど、夫が台所に入ったときを想像すると、がんばれます。家事分担って連携プレーなんだとつくづく実感します。

小3の孫の放課後児童クラブのお迎え、小6の孫の塾の送り、月曜から金曜までの「孫食堂」後の送りなど孫に関わ

夫婦の家事分担

夫の分担

- 朝食の食器の配膳
- ご飯炊き：次女宅へのお弁当があるなど、その日の様子を確認しながら
- 風呂そうじと入浴準備
- 洗濯：洗う、干す、乾かす（雨の日）取り込んでたたみ「置き場所」へ
- 重い食材（米・調味料など）の買い物、土曜日の野菜の買い出し
- 小３の孫の放課後児童クラブのお迎え（週４）、小６の孫の塾の送り（週２）、孫の夕食準備（週２）
- 毎食後の食器洗いと片づけ

私の分担

- 朝・昼の食事づくり、おかずづくり（先手仕事）
- 夫の担当以外の日の夕食づくり、次女宅へのお弁当づくり（週２）
- そうじ、寝具のカバー取り替えと洗濯
- 衣類の手入れ（季節ごとの入れ替え、アイロンかけ、繕いものなど）
- こだわりの食材の購入
- 寝る前の台所の仕上げ拭き

ることはすべて夫の担当です。下の子が保育園に通っていたとき、夕食をともにするようになったのも「うちで食べさせようか？」という夫のひと言から。お弁当のデリバリーも「そうしてくれないか」と暗に言う様子から「いいわよ！」と思わず言ってしまいました。重い食材の買い物は夫の担当ですが、「お米の減りが早いな、来週買わなきゃな」という声はなんとなく弾んでいます。

今は家事に協力してもらうというより、自然に一緒にやっている感じです。私がちょっと割高な買い物をすると、「肉は○○のほうが安いぞ」。家事の面でもすっかり頼もしいパートナーです。

＼こちらがお店！／

＼うっとり～／

暮らしの楽しみ

買い物は刺激

お店の設えから学ぶ。静岡・クラフトコンサートへ

時折、無性に買い物に行きたくなります。近所のスーパーの棚を眺めていても、銀座のデパートを歩いていても、アンテナをピンと立て、今世間では何が新しくて何が求められているのか、自分なりに観察したり、考察したりするのがおもしろいのです。私にとって買い物は、世の中と繋がるもう1つの接点といえるかもしれません。

最近、折に触れて通っている場所といえば、静岡市にある北欧家具の店「クラフトコンサート」。築70年の日本家屋を改装したショールームには、北欧デザインの名作といわれるテーブルや椅子が実際の家のように設えられ、日本の民家と北欧家具の相性のよ

この椅子も
すてき

さに驚かされます。
　店長の田島美壽さんの考える「居心地のよさ」のエッセンスが随所にうかがわれるのも、何度も足を運びたくなる理由。ここへ来るたび、今の自分が何を美しく、心地よく感じるかのセンサーが磨かれるようです。

北欧家具の店
CRAFT CONCERT
静岡県静岡市駿河区丸子 3311
11 時〜 17 時　月・火・水曜休み
☎ 054-259-5605
www.craft-concert.com

コラム2

家事シェアとリスペクト

専業主婦がほとんどだった私たちの世代に限らず、若い共働き世帯からも家事の主導権が収入の少ない方に偏るという話はよく聞きます。例えば収入の多い夫が働きやすいように妻が家事を多く担当するといった構図になりやすいのだとか。

子どもの手が離れ、お互いのリタイア後もこの構図から抜け出せないとどうなるでしょうか。妻は自分の時間と労力の行方を思うと虚しいでしょうし、共通の話題もなく、会話も乏しくなるのが目に見えるようです。ここから改めてお互いをリスペクトし合える関係をつくるには、家事シェアしかないと私は思います。

「家事は雑事ではない」と羽仁もと子は言いました。家事シェアは単に家事に協力するという意味に留まらず、お互いが現在の居場所である家を「本気」で考えることだと思います。これまで別々のところに「本気」があった2人が心を合わせるには、家に焦点を持ってくるしかない。相手にもたれかかるのではなく、こうしたいと自分の考えを持つことから「本気」は始まります。その上で話し合えば、相手にも伝わると思うのです。居場所がないと嘆くご主人も家事シェアから始めてみては？　効果は絶大です。

これからのお金のつくり方 ③

お金の安心感は「相応感」から

毎年秋に友の会が主催する家計簿講習会で、参加者の方たちの話から、今、子育て世代の経済が大変なことになっていることを知りました。共働きをしない限り、住宅ローンも教育費も払えない。50代の人たちからは、子どもが大きくなって教育費が最もかかる時期の上、年金生活が目前に迫っていることへの不安や焦りを聞きました。

この状況でできることとはなんでしょうか。お金の量は簡単に増やせませんから、基本のところでは、収入の範疇で生活を組み立てていかなくてはなりません。とはいえ、節約第一主義では乗り越えられないのも事実。決まったお金の中で心豊かに暮らすには、わが家にとって相応なお金の使い方を積み重ねていくことだと思います。優先順位の高いもの（今必要なもの）を予算内で（適正な価格で）買った、これが相応な買い物です。なぜこれを買ったか、その金額を支払ったかが自分の中で明確なのです。反対に逡巡やためらいがあったり、焦り、執着、野心に押されて買ったとなると、相応ラインを超え「不相応」になってしまいます。

暮らしの中にはたくさんの相応と不相応がせめぎ合っています。特に住まいはどこに住むか、どんな家具調度を選ぶかなどによって、見栄やさまざまな感情が渦巻く場所。そうした葛藤があるからこそ、お金のことは感情ではなく、数字で考えるとうまくいきます。次項からは安心して必要なことにお金を使っていくにはどうしたらいいかを一緒に考えていきましょう。

「お金の価値観は人によって異なります」

心の持ち方次第で不公平は公平に

お金は、人間にとって永遠のテーマです。よくも悪くもお金には「力」がある。世の中には、収入の多い人と少ない人がいて、その現実は変えられないものだから、「お金って不公平だと思いませんか?」という質問を受けることもあります。実はこれ、重要な視点です。

時間であれば、誰もが平等に1日が24時間です。家族の多い人は26時間、よく寝る人が30時間、なんてことはありません。しかし、お金の場合は多く持つ人と、そうでない人がいます。だから、「公平か不公平か」という質問の最初の答えは「不公平」です。でもそれは、一面から見た場合のことなので、落ち込む必要はありません。

「え、そうなの?」と疑問を持った人もいるでしょう。お金というのは、人それぞれ受け止め方が違います。十人いれば十通りの個性があるように、お金への受け止め方もとても個人的なものです。

例えば、普通では想像もつかないほどお金をたくさん持っていても、お金の不安に押しつぶされそうな人がいますし、収入はそれほど多くないのに、心豊かに暮らす人がいるのも事実です。でも、お金について人を観察するのはその程度にしておきましょう。結局「自分はどうか」が一番大事。

つまり、心の持ち方の面からみると、お金のことは不公平なようで、公平にもなり、価値観は人によって異なるということです。

お金の不安を呼び込んでいるのは自分

一番やっかいなのは、「お金のことはよくわからないから」とやり過ごしてしまうこと。そうこうするうち不安だけが大きくなって、家庭内がギスギスしたり、人間関係が壊れてしまったり、精神的にも追い詰められてしまうケースがあるのです。

人生にはお金が必要なときがあります。子どもの教育費、住宅費用、老後の資金。それぞれに数百万円、数千万円単位という金額が必要になりますね。すると、それだけでムクムクと不安が頭をもたげてきます。でもその不安というのは、実は自分で呼び込んでいる面もあるのです。なぜなら、今現在の収入の範囲内で暮らせているかどうかもわからないのに、いきなり大きなお金のことを考えるのは無理があるからです。

見たこともない数字を前に頭がいっぱいになり、私にはできないと思ってしまっていませんか？　そうならないよう、お金が苦手な人でもできることがあります。

家計簿は、誰でも今すぐ始められます

まず、お金の使い方には優先順位があると知ること。お金に苦手意識がある人は、金額の小さいところ、自分の手の届く範囲から、毎日何にいくら使っているかを知るといいでしょう。そのために、誰でも今すぐできるのが「家計簿」です。「なんだ、普通だな」と思いましたか？　でもこれが大正解なのです。家計を把握するには、数字で目に見えるようにするのが一番早い。私自身、ピンチになったときにお金の不安に引き込まれないためにも、今日の数字をあいまいにしたくないという気持ちがあります。

自分で向き合わずしてお金のことは解決しません。「このお金の使い方、わが家的にはどうなの？」と真剣に家計簿で向き合ってみることを、声を大にしておすすめします。

第1条「欲望」を振り分ける

「すてきなテーブルがほしい」「昨日見かけたワンピースがほしい」「海外旅行がしたい」など、欲望はキリなくわいてきますが、悪者扱いはナンセンス。欲望自体によい悪いはなく、ただ折り合いをつける手腕が問われると思っています。

46年間つけている『羽仁もと子案家計簿』には「食費」「住居・家具費」など12の「費目」があります。私はこれをお金の「置き場所」と捉えています。棚にボックス収納を並べ、費目ごとにラベルを貼るとイメージしてください。ここがお金の「置き場所」です。

次に「欲望」を各費目に分類します。テーブルなら「住居・家具費」、ワンピースなら「衣服費」といった具合。「住居・家具費」には住宅ローンの支払い、「衣服費」には家族全員分の衣服、靴、タオル類なども含まれます。それらも含めた金額を合計し、最後に12費目の総額を出してみるとどうでしょう。おそらく、1か月の収入額を超えてしまったのではありませんか？（ほとんどの人が同じ道を辿りますから、ご安心を）。

さあ、ここからが本番。毎月入るお金から「生活費」の総額を決めたら、各費目の「予算」として振り分けます。その上で今度は「欲望」が「予算」を上回らないように調整していくのです。買うつもりだったものを検討し直したり、即買わずに「テーブル貯金」として積み立てたり。「欲望の振り分け」をすると、お金の使い方が変わります。毎月、同じ金額を使っていたとしても、手にできるものが変わってくるのです。

「費目」はお金のラベリング

食 | 光熱 | 住居・家具 | 衣服 | 教育 | 交際 | 教養 | 娯楽 | 保健・衛生 | 職業 | 特別 | 公共

食の棚

衣の棚

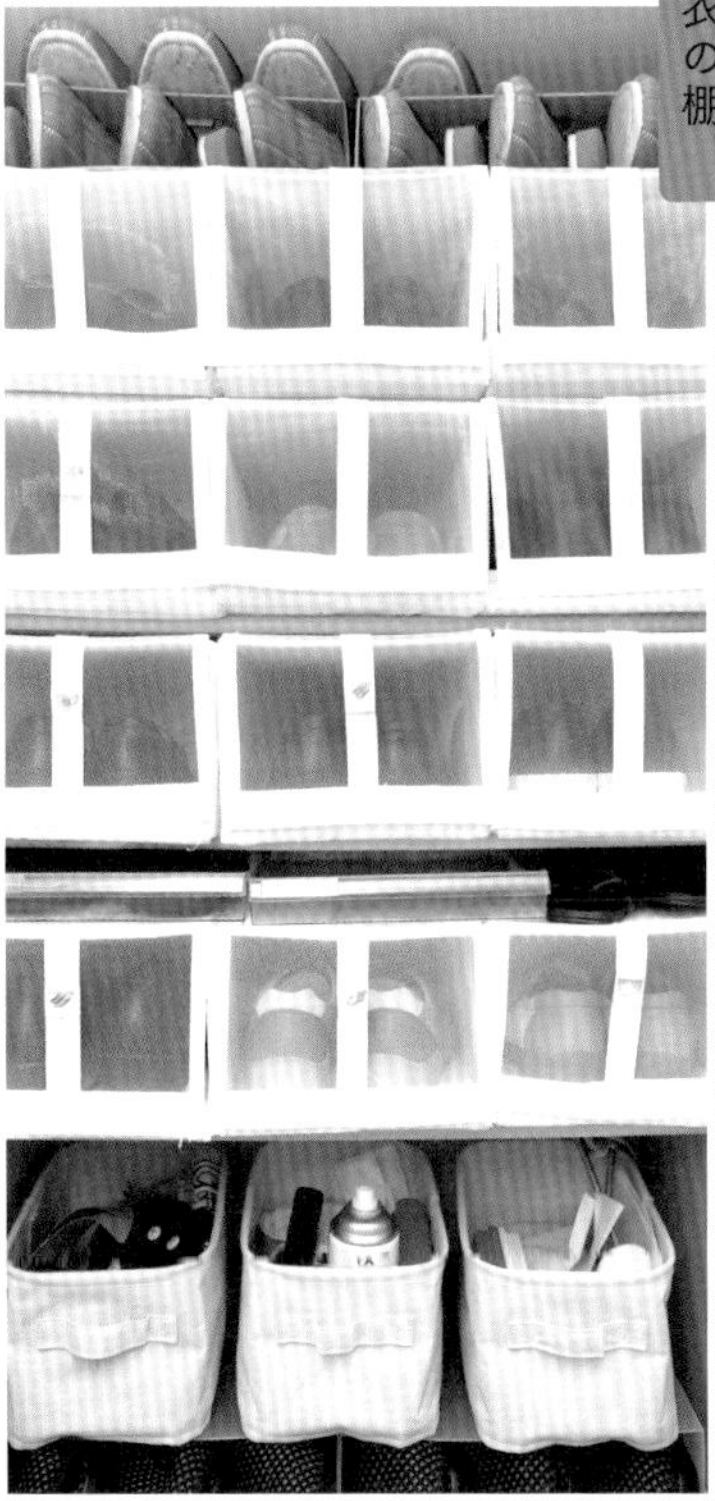

収納も「費目」ごとに！

家計簿の「費目」にお金を振り分けるのは、お金にラベルを貼るのと同じこと。実際の収納も「費目」ごとに棚をつくりました。ここからはみ出したら予算オーバーだと考えています。

今は何を優先するとき？

毎月入るお金が決まっている場合、どの費目にいくらを振り分けるか、優先順位を決める必要があります。全家庭に共通するのは、衣食住に関わる支出と光熱費、保健・衛生費。一方、家族の変化に応じて増減するのは教育、教養、娯楽、職業[※1]などの費目です。

後者は子どもの独立やリタイアのタイミングで見直すことをおすすめします。「今、わが家に必要か？」と問うてみると、例えば大きな車や場合によっては広い家（！）まで、見直したくなるかもしれません。

私たち夫婦は長年の社宅暮らしから、夫のリタイアが視野に入った段階で自宅マンションを購入しました。そして、第1次定年の頃には、退職金で住宅ローンを完済。教育費の山が最も高いときをずらし、ローン返済に集中できたのは助かりました。

子どもの独立、自宅購入を経て、心に留められるようになるのが、「交際」「特別」[※2]「公共」[※3]の費目です。わが家の公共費の中心は、通っている教会の運営費や献金ですが、周囲との関わりから生じる交際費や特別費に関しては、状況に応じて選択的に配分するところだと思います。優先事項は人生の波に応じてゆるやかに変動していく。何に心を傾けて生きていくかもまた同様なのだと、家計の道のりを振り返って思いますね。

〈費目別月平均の支出額の比較〉

	1996年 教育費 ピーク	2004年 住宅ローン スタート	2022年 年金生活 11年目
食	86,000円	65,000円	54,000円
住居・家具	69,000円	206,000円	68,000円
教育	226,000円	22,000円	0円
保健・衛生	34,000円	18,000円	44,000円
公共	46,000円	40,000円	50,000円
自動車	38,000円	20,000円	800円

※金額は四捨五入しています。

主に教会関連費（献金など）

2022年に車を手放し、以降は交通費を記載

教育費がピークだった1996年、住宅ローンがスタートした2004年、年金生活11年目の2022年の主な費目を比較しました。教育費の1か月平均が約23万円。15～16万円のローン返済を含む1か月の住居・家具費が約21万円とほぼ同額。現在は、教育費はゼロ、ローンも完済。昨年自動車を手放してから、家計がもっとスリムになりました。

※1　就業に関連する諸費用や夫の小遣いなど。
※2　自家の冠婚葬祭、直系親族にかかる費用。
※3　募金、献金、寄付など。

第2条 家計簿でお金の情報公開

12年前、夫が定年退職したのを機にわが家の「情報公開」が本格化しました。まず始めたのは物の置き場所を決め、ラベリングを徹底すること。「誰でもわかる」置き場所を試行錯誤したところ、夫が分担する家事が格段に増えました。「誰でもわかる」が大切なのは、家庭の意思決定機関の一員である男性にわかる方法を見つけないと、状況は変わっていかないからです。

置き場所を決めることが「家事の情報公開」だとしたら、家計簿は「お金の情報公開」にぴったりのツールです。結婚して5年目の1977年以来、家庭運営にかかったお金を16の費目(※左図参照)に分けて、記録してきました。この大きな予算表は主婦室の扉に貼ってあります。それくらい私たち夫婦の間でお金の話はオープン。年金生活に入ったら月々入るお金が減る分、使い方も変えていかなくてはなりません。やめる決断、続ける決断、もしくはここはしっかり出そうという判断が必要になります。難しそうに聞こえるかもしれませんが、この予算表が間にあると意識のすり合わせもスムーズ。会社員時代はノルマの数字に追われ、経理に携わった夫も、数字で見せてもらうのが一番手っ取り早いと考えているのではないかしら。

昨年はついに愛車を手放しました。一方で教会の運営費・献金など社会との関わりに必要な支出は、今後も優先順位の高いものです。これからも家計簿の数字を後ろ盾に、生活という葉を豊かに茂らせていきたいと思っています。

「予算立て」で
欲を枠に収める

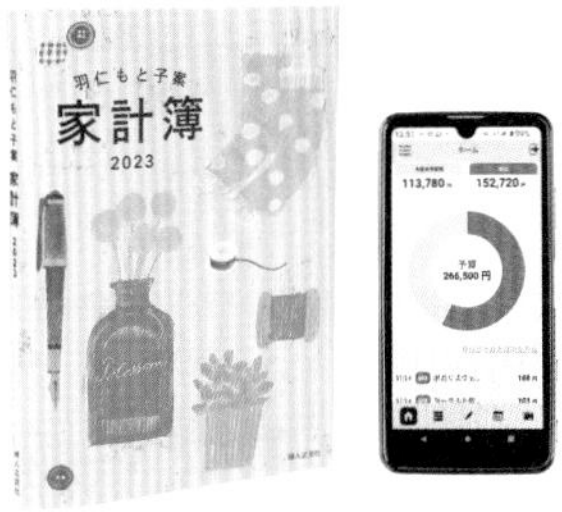

今日のお金も明日のお金も
予算表があれば安心

上／現在は紙の『羽仁もと子案家計簿』とクラウド家計簿「kakei +」（カケイプラス）を併用しています。右／主婦室の扉に貼った生活費の予算表。「副」は「副食物費」、「主」は「主食費」、「調」は「調味料費」。この３つの合計が食費です。車を手放した結果、生活費はリタイア前の月平均の約半分になりました。

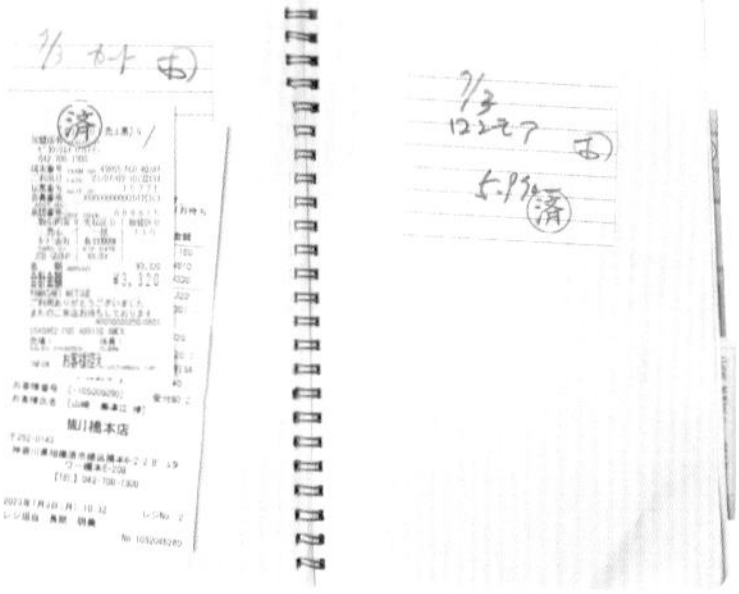

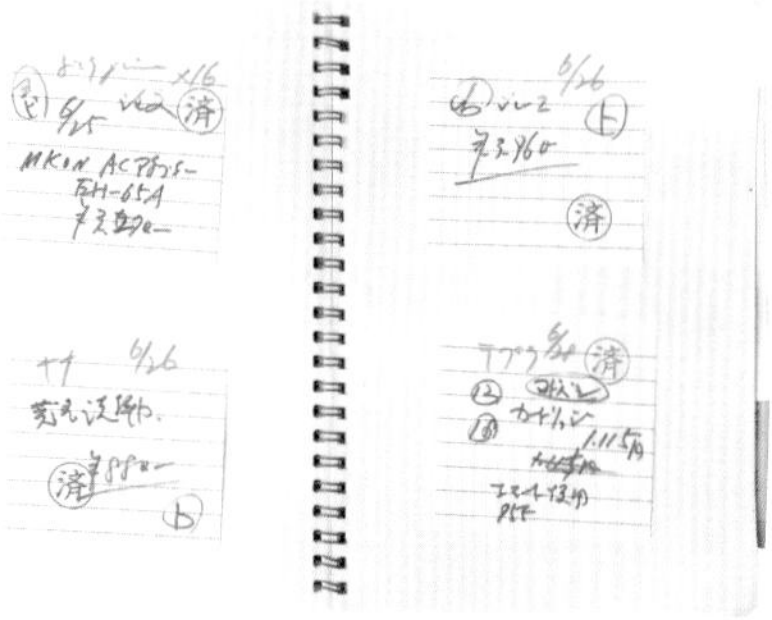

現金払いの場合はこれまで通り、レシートを見て記帳。その日のうちに済ませれば気分もスッキリ。

「記帳」で見えないお金をなくす

ここ数年で、現金以外で支払う方法が一般的になり、お金の動きがますます見えづらくなっています。私もネットショップを利用することが多く、今や買い物の85%がクレジットカード払い。そこで家計簿にはこんなふうに記帳しています。ネットで買い物をしたら金額を付箋にメモし、ノートに貼る↓記帳したら「済」のスタンプを押す↓明細書が届いたら、付箋の金額と照らし合わせる。この方法で誤請求にも気づくことができます。

「収支年計表」から暮らしが見える

毎日、その日に使ったお金を記帳していくと、ひと月経てば1か月で使った金額が明らかに。これを1か月分の収入から差し引くと、収入の範囲内で暮らせているかどうかがわかります。差し引きがマイナスなら支出が予算の枠に収まっておらず赤字ですが、ここから立て直していくことが家計簿本来の目的です。お金は数字で記録していくことでしか、実態をつかまえることができません。1年を通してお金の流れを可視化すると、次の手立てが浮かんでくるはず。

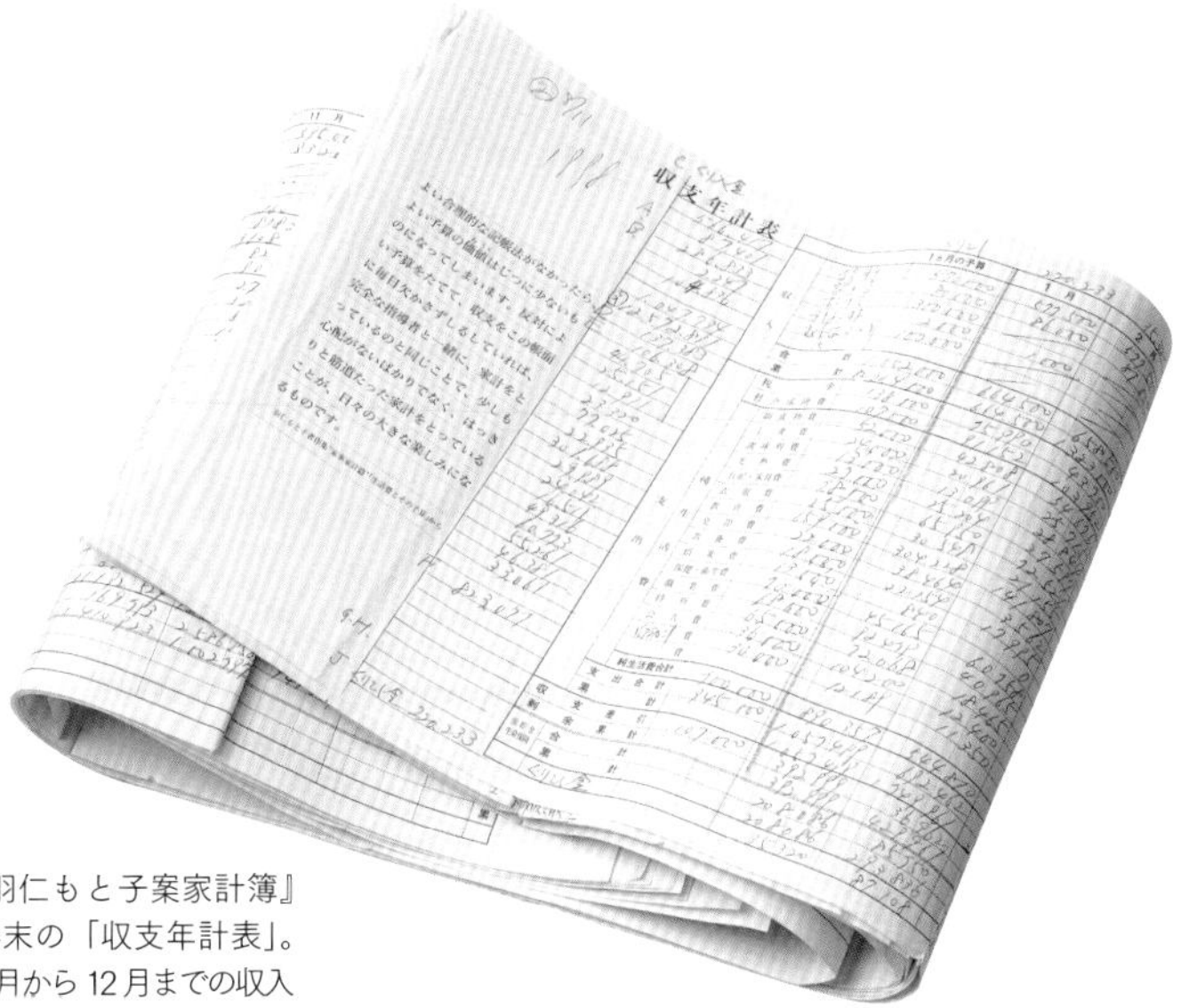

『羽仁もと子案家計簿』巻末の「収支年計表」。1月から12月までの収入と支出を比較できます。

46年間（1977～2022）の年平均の支出額

副食物費	主食費	調味料費	住居・家具費	教育費	保健・衛生費
431,000円	217,000円	133,000円	993,000円	714,000円	419,000円

上記6費目計 **2,907,000円**

※その他の費目も合わせた純生活費は、5,998,000円
※金額は四捨五入しています。

第3条 健康に暮らす

ステイホームが続いた2020年からの3年間で、シニア世代の足腰がすっかり弱ってしまったのではないかと心配しています。私たちの世代は体が動かなくなったら赤信号。同世代の仲間同士でいつも言うのは「死ぬまで元気でいようよ」ということ。誰でも最後は死を迎えるのだから、それまでは元気でいようよ、と。

元気で、ということはやっぱり人と会って、刺激をもらって生活することに尽きると思います。家にいてテレビをつければ健康食品のCMばかり。あれを観たら自分は病気だと思ってしまうのではないかしら。うっかり注文して「保健・衛生費」を増やしてしまわないためにも、まずは外に出ましょうと言いたいです。

積極的に外の世界と関わろうという気になれるのも、「目、歯、足」がしっかりしていてこそ。私が特にメンテナンスを心がけているのもこの3つです。60歳を前に一度、歯の総点検をし、自分に合う眼鏡と靴を新調しました。当時は今更する必要があるのかと迷いましたが、まとまったお金がかかることなので、今は年金生活前にしておいてよかったと思っています。

シニア世代の健康は時間の使い方とも大いに関わっています。基本時刻のない生活の中でしたいことをし、食べたいものを食べるだけでは体調も崩しがち。予定外の出費となり兼ねません。早寝早起きの生活リズムは、基礎体力を維持し、健康な生活を送るため、ひいては家計の安定のために生涯続けていくものだと思います。

目、歯、足には
手とお金をかける

靴はすべて友の会の先輩に紹介してもらった『アキレス・ソルボ』で揃えています。足裏のアーチが支えられ、とても歩きやすい。

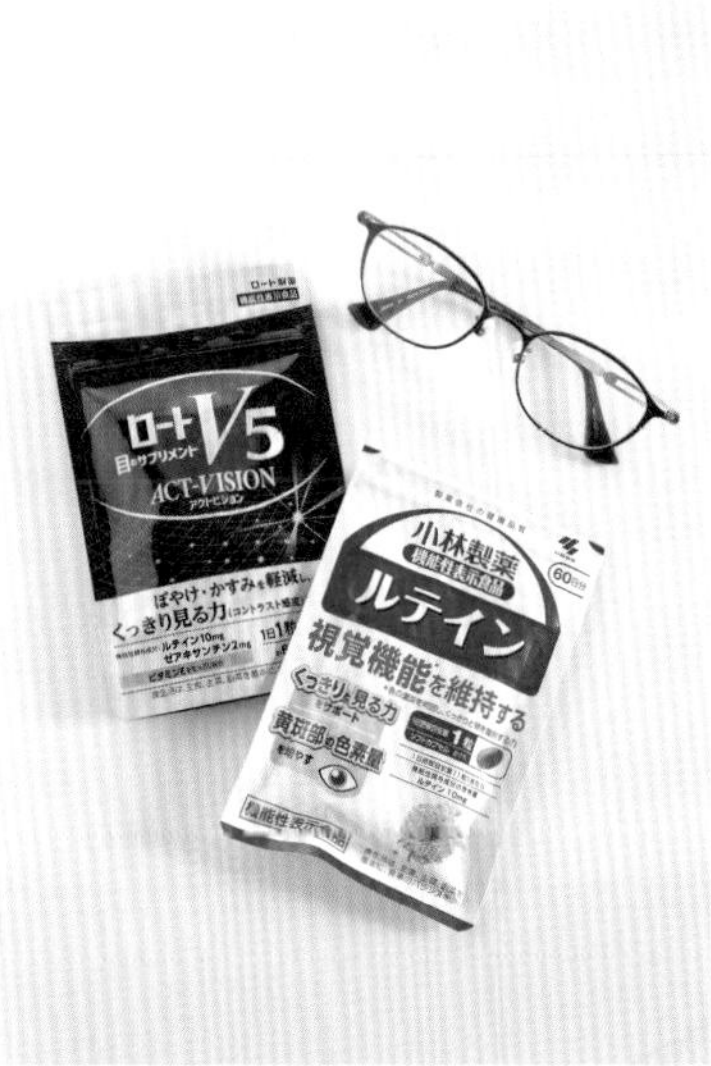

網膜の一部や水晶体に多く含まれ、加齢とともに失われるカロテノイドの一種、ルテイン。食事だけでは補えない分をサプリメントで補充します。

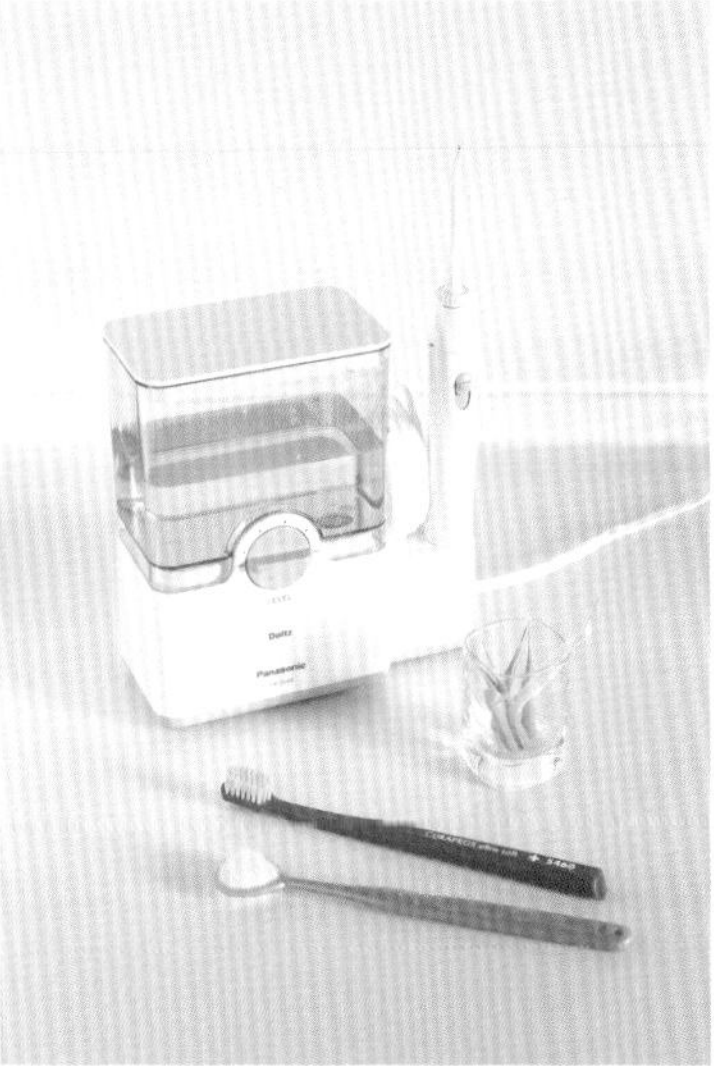

水流の力で歯間を洗浄するジェットウォッシャー（パナソニック）と歯間ブラシを併用しています。歯ブラシは毛が密でプラークがよく落ちるものを。手前は舌ブラシ。

きなこ・いりこは まとめ買い

プロテインも時々飲みますが、毎日食べるのはきなこ、それからカルシウム剤よりいりこというのがわが家流。小学生の孫が運動した後には「プロテインよ」ときなこを食べさせています。余計な添加物が入っていないから、長く食べ続けても安心です。

きなこは朝の野菜ジュースに入れたり、おやつの寒天にかけたり。いりこは味噌汁用のだしにするほか、夫がそのままおやつに食べることも。毎日食べるものだから、どちらも1kg入りをネットショップで購入しています。届いたら、廊下収納の「食」の棚にあるケースに移し、台所に置く分は小さい容器に移し替えます。前者を「大元」、後者を「小出し」と呼びますが、この方法だと大容量も最後まで使い切れます。

左が「大元」、右が「小出し」。大元の残量を確認してから次を注文。

だし用には水出しにして冷蔵庫に入れておけばいつでも使えます。

健康器具こそ「置き場所」を決めて

自他ともに認める健康オタクの私。オープンハウスにいらしたお客様と健康話で盛り上がり、健康器具を出してきて披露すると面食らう方も(笑)。健康グッズといえば買ってすぐ使わなくなるものの代名詞でもあるからですが、宝の持ち腐れに終わらせないコツは、これも「置き場所」にあると思います。

すぐ取り出せる場所に置くこと、それも体に負担をかけずにという点がポイント。何かを避けたり、よいしょと力がいるようでは、やる気が削がれてしまいます。私の場合、体幹をきたえるバランスボードは主婦室のクローゼットに、ふくらはぎを伸ばすストレッチボードは、インテリアに合う木製のものを選んでテレビの前にと、使う場所の近くに置くと決めています。

そもそも健康なときにしか使えないのが健康グッズ。普段気軽に使えるようにしておくのが、健康維持の秘訣です。

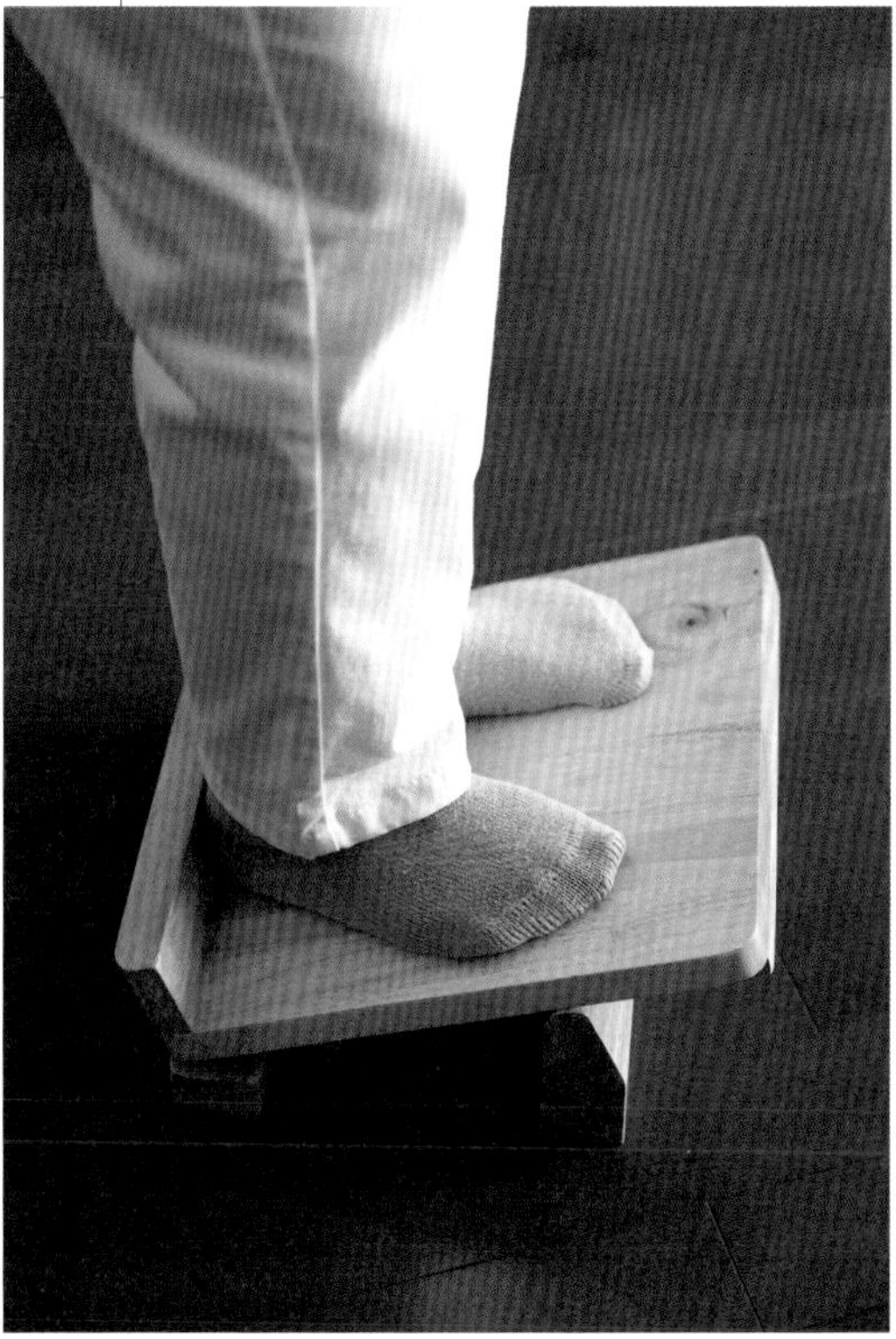

ふくらはぎ裏の筋がピン！ と伸びる木製のストレッチボード「足首のびーる」。お風呂上がりにテレビを見ながら20分を心がけています。

第4条 決めて暮らす

ここまで、決まったお金を価値高く使うための考え方や術について、いくつかの角度からお伝えしてきました。改めてわが家の生活を見渡してみると「決めていること」を中心にまわっていることに気づきます。

起床時間や食事の時間。1週間と1か月のおおよその予定。そのほかにも朝食のメニュー、サプリメント、スキンケア用品、さらに服の色や旅先で泊まるホテルも決めているといったら驚かれるでしょうか。それって窮屈では？ と思われるかもしれませんが、「どうしようかな」と迷う余地をつくらないことがラクなのです。あらかじめ決めておくことで、時間やお金に余裕が生まれます。別の言い方をすると「決めているから生きていける」と思っています。

決めないと、欲望が果てしなくなって「自分のサイズ」がわからなくなる気がしませんか？ 例えば服。25年前にパーソナルカラー診断を受け、自分に似合う基本色を知ってからは、買い物に行っても自分の色がないとわかれば通り過ぎるようになりました。選択肢がたくさんあるように見えて、今の自分にとっての最適解は実は限られている。

何かを決めることは、ほかの可能性を捨てることでもあるのは確かです。今まで通りを漫然と続けるのではなく、何を残し、何を手放すかを決めていくのがシニアの暮らし。体の状態、経済の状態、今まで通りにいかないことを受け入れ、選択する。こればっかりは人に決めてもらうわけにはいかない。だから「決めて暮らす」と決めたのです。

パーソナルカラー診断でわかった
「冬のドラマティックカラー」

パーソナルカラー診断で冬タイプと診断されてから、モノトーンに加えてロイヤルブルーやピンクなど鮮やかな色を選ぶように。

チェーンは
シルバーに統一

ゴールドだったチェーンを「冬」カラーのシルバーに交換しました。両端は自由学園を卒業した彫金作家・松本徹さんの作品。

「決める」から前に進める

わが家ではお金の使い方も時間の使い方も、決まっていないことの方が少なくなりました。家計簿があれば、お金のサイズダウンをしなければいけないのか、逆にアップできるのかを考える基準になりますから、そのことも決断をスピーディーにしているかもしれません。

　決断ということで思い出すのは、２０１１年の東日本大震災のときのこと。その時刻、私は地方での講習会に向かうために、都内を移動中でした。交通機関が混乱し始めたとき、とっさにタクシーをひろって「上野へ」。その場所から近かったことと、生まれ育った地元で土地勘があったこと、そして妊娠中の娘の通勤路でもあったからです。タクシーを降りると地元の喫茶店に入り、情報収集と腹ごしらえ。女性のマスターに教えてもらった、近くにできたばかりという東横インに電話をすると、ホテルは混乱中でした。けれど、身重の娘を休ませたいと事情を話すと、シングルルームを１室融通してくれたのです。その後、娘とも合流でき、その夜は一緒に休むことができました。

　非常時の決断は特に勇気がいりますが、あのときいろいろなことが決められなかったら、どれほどの混乱に巻き込まれたでしょう。それは日常生活でも同じ、決めることで混沌から抜け出せるのだと思います。

決めている6つのこと

朝7時半には机に向かう

キリのない家事は、終わりの時間を決めておくと体もよく動きます。朝の仕事を終わらせて、早く自分の時間を持ちたいとはやる気持ちが、後押ししてくれます。

愛用品に浮気なし

肌に合うものを見つけて以来、同じスキンケア用品を使い続けています。旅行用も同じブランドで揃え、赤いポーチに入れて常備。カバンに入れるだけで出発できます。

旅の宿は必要十分なビジネスホテル

東日本大震災のときに泊まったホテルを常宿と決め、全国どこへ行くにも利用。余分なサービスがなくリーズナブル、ベッドの硬さがちょうどよく、ぐっすり眠れます。

使い捨ての道具は買わない

古い厚手タオルを切って台所の引き出しに入れておき、あちこち拭くのに重宝しています。あとは繊維の力で汚れをかき出すマイクロファイバークロスがあればピカピカに。

大きな買い物は3度考えて買う

これまで買い物の失敗は数知れず。安い物ほどつい衝動買いしがち。大きな物だけでなく、小さな物も「3度考える」は必要と、反省する今日この頃です。

1日を振り返る時間を持つ

1つ仕事が終わったらひと片づけをするのと同じように、1日の終わりに振り返る時間を持ちます。夜は停車場。句読点をどうつけるかによって明日が違ってきます。

夫婦対談

家計簿はわが家の共有財産

——今日はお２人と「家計簿」についてうかがいます。

（哲男） 家計簿のことを話してということだけれど、若いときはとにかく貧乏だったから。

（美津江） 何も買えなかったね。

仕事も何度か変わっているし。ある会社は１週間でクビ。理由は会社を批判する文章を書いたから。

あと入社式にネクタイをしていかなかったから（笑）。次の会社もボーナスが少ないとやめて、ずーっと遊んでたよね。

遊んでた。結婚３年目くらいのとき。

母がね、「哲男さん、働く気、ないんですか」なんて。

どなりこんできたの。リウマチなのに。

よく階段登ってこられたよね（笑）。

——結婚生活はそんな感じでスタートしたんですね。

でもね、人生なんてね、まあなんとかなる。

——なんのおかげでしょうか。

なんのおかげというか、まあ、答えとしてはあるんだけど。妻を娶らば才たけた人。

あら！ 何も出ない

わよ。

友の会の宣伝になってしまうけれど、家計簿はたいしたものだと思う。私も定年まで商社で働いて、数字のノルマを抱えてやってきたから。商売と違って家庭の場合は、決められた収入の中でどう予算を割り振るかだけだけれど。

確かに売り上げを出す必要はないわね。

大まかな数字は聞いているから、その中でなんとかやるだけ。とにかく月末になると、「今月はもう何々買わないで」と予算統制が入ります。

ちょっとビールを買わないで、とか。

最近は家計簿もパソコンだから、数字がバチッと出る。

おかげでスッキリ感はありますよね、お金のことで、お互いモヤモヤしたらいやでしょ。

——家計簿が間を取り持っているんですね。

それね。「家計簿はわが家の共有財産」なんだけれど、財産というのは、夫婦のものでしょ。本来であれば、家計簿がどうなっているかをチェックしなきゃさ、おかしいんだけど、もう面倒くさいから。全部、家内に任せています。

詳しいことは次女に話しておくの。

——リタイア後の生活についてはどう考えていましたか？

よく「家内が言うじゃないですか、「家庭生活は簡素に」と。食事でも飽きないのは、昔から食べている質素なもの。家計をふくらませなければ耐えられる。いいものを50年、100年と長く使う方がいいと言うけれど、私の櫛も何年使っていると思います？ 18歳からだから、57年間使っていますよ。いいものは長くもつし、愛着もわく。結局ますます大事にするようになります。

——そういう価値観がお2人は同じ。これくらいでいいね、と言えるし、いいものはいいと言える。仲よく暮らす秘訣ですね。

俺より先に死んじゃいかんといつも言っています。とにかく長生きしてほしいよね。

野菜や体にいいものをしっかり食べて、健康オタクを続けるわ。そして、わが家のモットー「家庭は簡素に社会は豊富に」でいくことよね。

年賀状でわかる
山﨑家の46年間

毎年、夫が認《したた》める年賀状は
家計簿の数字入り。
家族の１年１年が蘇ります。

謹 賀 新 春

昭和５６年(1981年)元旦

山　崎　哲　男 (32)

昨年は家族３人で、卵を70Kg、とり肉を27Kg、
そして豚肉を33Kg食べていました。
今年は結婚満10周年。バランスのとれた食事を
心がけ、各々の持ち場で力を出させていただき
たいと思っています。よろしくご指導ください。

家族（妻）美津江(32)　　相模友の会橋本最寄
　　(長女) 範　子(4才11カ月)町田すみれ幼稚園ばら組
　　プラス１

謹賀新年

1999年 元旦

昨日の流行は、今日は時代遅れとなり、情報の海を漂いながら人々の気持ちは揺れ動いています。次から次へと流される横文字は、何となく理解出来そうな雰囲気を漂わせ、私達を妙に納得させ、抗う力を奪っています。

さて、明るい話題の少なかった昨年ですが、我が家では長女が10月に結婚し、次女も今年から大学生になる予定です。妻はパソコンに熱中し、22年間の我が家の家計簿の歴史も順次パソコンに記録しております。因に22年間の長女の教育費の総計は何と1,300万円でした。あと僅かで夫婦だけの生活を迎えますが、家庭を支えるのは、妻の信仰と友の会の理念で小生はただ後について行くのが精一杯と思われますが、持ち場は大切にして行きたいと思います。

今年もどうぞよろしくご指導下さい。

山崎 哲男

家族: 美津江　令 子

迎　　春

1989年 元旦

山　﨑　哲　男 (40才)

庭先のあんずの木は、毎年桜に先がけて薄べに色に咲きほこり、食べきれない程の実を楽しませてくれます。
あたり年、はずれ年をくり返しながらも木は着実に大きく成長しております。わが家も悲喜こもごもくり返しながら、２人の子供達は成長し、今年は長女が中学２年生、次女は小学３年生に進級します。
12年前、わが家の暮らしの中で0.44%にすぎなかった教育費も、昨年は11.86%になりました。
それぞれの持ち場で、日々の積み重ねを大切に励んでいきたいと思っております。広い視野と確かな眼差しを「**成長**」の横糸にと思うこのごろです。
今年もよろしくご指導下さい。

家族（妻）美津江
　　(長女) 範　子
　　(次女) 令　子

年のはじめに

時は足早に通り過ぎ、小生の頭髪も殆ど白くなりました。通学時間（グラフ理論を勉強中）を利用し青春時代を過ごした街を訪ねれば街並みもすっかり変わり昭和の時代をうかがわせる佇まいも痕跡を残すのみ。現役時代、散々苦しめられた目標管理も歩数管理に形を変え、健康を守る標となり、易きに流れがちなわが身に鞭打っています。一方、家内は相も変わらず夜遅くまでボランティア活動に関わる事務処理にかかりきりで、本当にお忙しい限り。その上、娘夫婦もすぐ近くに引越予定で孫の世話等で更に負荷がかかりそうです。退職後に夢見ていた旅行も、静かに一緒に過ごす日々も何時のことになるのやら・・・。

さて昨年、インフラ基盤を利用した光熱・水道・ガソリンの消費量をわが家の家計簿から抽出すると、電気2837Kwh・ガス653㎥・水道180㎥・ガソリン ３９㍑でした。これらをCO_2に換算するとなんと3.8トンにもなりました。日々の暮らしの小さな積み重ねにも責任を覚え、新しい年を歩みたいと願っています。今後ともご指導ご鞭撻下さい。

2013年1月1日

山﨑哲男&美津江

謹賀新年

新婚当初、１ヶ月の生活費の半分をはたいて購入した骨董品の古時計を３０年ぶりに修理しました。少々、間延びした時を刻む音を出しながら、時刻になるとボ～ン・ボ～ンとレトロな音を発しております。

この時計が時を刻むのを怠けていた間、世の中は目まぐるしく変わり、私も 55 歳の第一次定年を迎えます。下の娘も４月より社会人として巣立ち、私たちの子育ては一応終了です。

これからの生活も、山あり谷ありの生活でしょうが力を合わせて励んでいきたいと思います。

今年も宜しくご指導のほどお願い致します。

2003 年 1 月 1 日

山崎　哲男・美津江

迎春

街ではマスクが日常となり、家庭では妻のズーム会議が恒常化。コロナ禍以前より忙しさが激増しています。片やわたしは相変わらず、ほぼ定時に散歩。1週間6万歩のノルマ達成を生き甲斐に、家庭という枠の中の幸福を満喫しています。数学は昨年から位相数学に挑戦し、シナップス強化に努め、脳トレを楽しんでいます。

ところで、浦和市領家5丁目からスタートした私たちは、昨年の暮れに金婚式を迎えました。清水、相模原、小山、八王子の地を巡り、この地も来年で20年となり、什器備品の買換えの時期を迎えています。冷蔵庫、洗濯機、給湯器etc.と続きます。費用の捻出は家計簿の実績に基づく周到な予算立てに期待。妻の手腕の見せ所です。わたしはより長く使うため、機器の修理営繕に徹しています。

今年も「**婦唱夫随**」で51年目を過ごしたいと思います。因みに昨年の住居家具費の19万円の予算超過の主要因はズーム会議関係のPC環境の整備に関するものでした。ズームの影響は、時間だけでなく、経済にも波及したわが家の1年でした。

それぞれの持ち場を大切に歩みたいと思います。
益々のご指導、ご鞭撻をお願いします。

2022年1月1日

山﨑哲男・美津江

謹賀新年

花見酒に酔った季節が一転し、吹雪が荒れ狂う冬が到来し暫らく止みそうにもありません。さて、夫婦そろって還暦を過ぎ目出度さも中位なりオラが春を迎えました。段々と体力が衰えている事から昨年より妻に誘われ朝のテレビ体操を始めました。その効果は抜群で永年悩んだ肩凝りからも解放され、体力、気力、「脳力」も充実してきました。一方、妻は益々元気な「パラサイト」として自分の趣味に邁進し活動範囲を拡げています。
全く脱帽です。妻の趣味のひとつの家計簿記帳が30年を越しわが家の生活費の数字の累計はフォトアルバムと違う趣きで暮らしの軌跡を描き出し、過去の暮らしを鮮やかに浮かび上がらせるものとなりました。因みに、30年間の食費の累計額は25,487,148円で、子どもたちの教育費の額に迫るものでした。毎日の暮らしの積み重ねを大切にして、還暦なりの時間とお金の使い方を模索する年でありたいと思います。

今年も何とぞご指導くださいますようお願い申し上げます。　2009年1月1日

山﨑哲男&美津江

46年間にかかったお金は？

結婚して5年ほど経った頃、近所の人とおしゃべりをしていたら、「ああ、今月も予算オーバーだわ」と嘆くので、「予算って何？」と聞いたことから、雑誌『婦人之友』や家計簿について知りました。以来、家計簿をつけ始めて今年で47年目に入ります。

　手元に残る一番古い年賀状は１９８１年のもの。《昨年は家族３人で、卵を70kg、とり肉を27kg、そして豚肉を33kg食べていました》とあるのは次女がまだお腹にいたときのことですが、こうした数字の大きさも家計簿をつけていたからわかること。娘たち2人が小学生になると、1年に食べた肉の量が家族全員の体重の合計と同じなんて年もありましたっけ。

　46年分の数字は1円1円の積み重ね。会社も帳簿をつけて業績が明らかでないと、融資を受けられず、投資の対象になりませんが、家計簿の数字は家族という1つの団体の中で、1人1人が平等に暮らすことができたか、明日からも暮らしていけるかを示すものだと思います。

　費やしてきたお金は、教育費にしても投資ではありませんから、見返りも、回収できるものもありません。ただ、夫や娘たち家族の元気な顔を思うと、これまであったさまざまなことからもお金の営みからも、目をそらさず向き合ってきてよかったと思えるのです。

46年間の生活費、いくらかかりましたか？ ベスト3

1 住居・家具費 約3,700万円
＊賃貸、社宅を経てマンション1軒を購入。
＊電話・WIFIなど通信設備、維持管理にかかる費用も含む。

2 食費 約3,600万円
＊うち副食物費（※主食、調味料以外の食費）は主食費の約2倍。約2,000万円。

3 子ども2人の教育費 約3,300万円
＊長女は私立大学へ、次女は中学から私立へ進学。

家計簿からわかる暮らしのサイズ

自動車4台分の購入・維持費は総計1,600万円。

駐車代、ガソリン代、車検費用など10年持つと約500万円の維持費がかかることが判明。2022年に車を手放した結果、2023年の生活費の予算は266,500円／月で前年比57,500円ダウン。

70歳を過ぎ、保健・衛生費は徐々にアップしたが、2023年の予算は32,000円／月で。

歯の定期検診、月1回の針治療など予防医学の精神に則り、46年間の平均35,000円／月を超えない額を目指す。

46年間の月平均額は食費≒税金≒社会保険料

1977～2022年の各費目の月平均額を出してみたところ、食費と税金と社会保険料の額が、純生活費の10～12%だとわかった。

1986年　夫38歳、妻38歳、長女10歳、次女6歳	2022年　夫74歳、妻74歳
食費 65,000円	食費　53,500円
税金 51,700円	税金　42,800円
社会保険 46,900円	社会保険　41,900円

※金額は四捨五入しています。

おわりに

私は、小学生時代、昼休みや放課後の図書室で、なぜか人物の伝記を手にしていました。その後、同時通訳の道に進んだ高校時代の友人から、英語の語源のおもしろさを教えられ、少しずつ深みにはまり、辞書は読むものだと思うようになりました。人物の伝記も語源も、人の暮らしを映し出し、時代の特徴を表してくれます。人類の遺産である辞書から、多くを教えられてきました。辞書の中に、新しい語源を見つけたときは、人生何ものにも代えがたいほどに、心躍るのです。

子育てに奮闘していた30~40代の頃、娘たちの生活に入り込むコンピュータの前で、現実の暮らしの激変を受けいれざるを得ないのか、と思い悩んだ時期がありました。次代を担う子どもたちが、暮らしの中で、「本当の豊かさ」を心底味わって過ごすには、何が必要なのか、と思うことがしばしばでした。

「豊かさ」って何だろう、と思いながら「豊かさ」の英語

abundanceについて、ラテン語や英語の辞書を読んでいるうちに、この言葉の中に「ほとばしり出て、あふれさせる」という意味が込められていることを知りました。豊かさとは、物や人から離れて、外にあふれ出し、そのまわりを豊かにしていく、というのです。数年かかって見つけたことなので、本当に心がときめきました。そして、私が属する「全国友の会」のモットーである「家庭は簡素に 社会は豊富に」の言葉の深さを、あらためて、味わうときでもありました。

「自分だけ 今だけ お金だけ」の社会を突破し、必要とされる場所へ、自分の行動範囲を伸ばして、アウトリーチできる暮らしを。ともに生きる社会を。

そのきっかけは暮らしの中にちりばめられています。自分の軸足をしっかり固定させる力は、毎日の暮らしの中にあるのです。心地よい居場所からそれを発見し、再出発。

私たちは、いつからでも新しくなれるのですから。

2023年 初秋に 山崎美津江

山﨑美津江 Mitsue Yamasaki

相模友の会（『婦人之友』読者の集まり）会員。家事アドバイザー。1948年、東京生まれ。長女出産後に全国友の会に入会し、整理収納、そうじの技術を磨く。家計簿歴は45年余。2000年頃から、会員向けに自宅のオープンハウスを始め、訪れた人は延べ900人を超える。月刊誌『婦人之友』での家事、整理収納、そうじのアドバイスが好評。テレビやラジオ、雑誌など各メディアでも活躍。全国各地での講演や、自宅を公開して家事のアドバイスも。著書に『帰りたくなる家――家の整理は心の整理』（婦人之友社）がある。

装丁・本文デザイン　中島美佳
アシスタントデザイン　羽柴亜瑞美
撮影　小川朋央
　　　福元由紀子（P.54-59）
編集　松本あかね

再出発整理
心地よい居場所とお金のつくり方

2023年11月10日　第1刷発行
2023年12月25日　第3刷発行

著者　山﨑美津江
編集人　小幡麻子
発行人　入谷伸夫
発行所　株式会社 婦人之友社
〒 171-8510
東京都豊島区西池袋2-20-16
☎ 03-3971-0101
https://www.fujinnotomo.co.jp/

印刷・製本　シナノ書籍印刷株式会社

ISBN 978-4-8292-1036-9

暮らしが変わる、よくなる！ 婦人之友社の本

帰りたくなる家

家の整理は心の整理

時間がなくても、疲れていても、家をよくしていく方法はきっと見つかります。
心底ホッとできる家にしたいという気持ちがあれば、
自然とよい方へかわっていきます。結婚して50年近く、
失敗して、工夫した家のことをお話しします。

山﨑美津江著　1,430円（税込）

汚れが落ちる、心が軽くなる

「ついで掃除」できれいが続く

掃除が苦手でも、忙しくても「きれい」が続く家になる！
家事のエキスパートの著者が教えるとっておきのアイデアが満載です。
日々の「ついで掃除」と、困ったときの「リセット掃除」を、
この一冊でマスター。

井上めぐみ著　1,540円（税込）

幸せをつくる整理術

ガラクタのない家

スーパー主婦の井田さんが始めた2世帯の暮らし。
すべての部屋を公開して、整理の仕方や暮らしやすさの秘訣を紹介。
先を考えたライフプラン、これまで培ってきた整理収納術が一冊に凝縮。
片づけができない方必見です。

井田典子著　1,430円（税込）

井田家の40年

暮らしとお金のありのまま

家族5人の生活が映しだされた、約40年の家計簿を全公開！
「お金の不安をなくすには、モノをととのえることから」と、
住まいのよどみのほぐし方、生活費の実際を紹介。
暮らしの根っこがわかります。

井田典子著　1,540円（税込）

シンプルライフをめざす

基本のそうじ＋住まいの手入れ

地球とあなたにラクな方法見つかります

重曹、クエン酸など環境にやさしい洗浄剤の使い方、
少ない労力でキレイをキープする知恵を結集。家中のそうじのコツがわかります。

婦人之友社編　1,980円（税込）